England

und die

Londoner Deklaration.

Mit einem Anhang
deutscher und englischer amtlicher Urkunden.

Von

Prof. Dr. Heinrich Pohl
(Greifswald).

Berlin 1915
J. Guttentag, Verlagsbuchhandlung,
G. m. b. H.

Inhalt.

I.

Die Zweite Internationale Friedenskonferenz, welche vom 15. Juni bis zum 18. Oktober 1907 im Haag tagte und auf der fast alle Staaten Europas, Amerikas und Asiens vertreten waren, hat die von vielen erhoffte Kodifikation des Seekriegsrechtes nicht gebracht.

Das von der russischen Regierung aufgestellte Programm hatte ihr als wichtige Aufgabe die Ausarbeitung eines Abkommens betreffend die Gesetze und Gebräuche des Seekriegs gestellt. Es sollten danach geregelt werden die Spezialoperationen des Seekriegs, wie das Bombardement von Häfen, Städten und Dörfern durch Seestreitkräfte, die Legung von Seeminen usw., die Umwandlung von Kauffahrteischiffen in Kriegsschiffe, das Privateigentum der Kriegführenden auf See, die Gewährung von Fristen für Kauffahrteischiffe zum Verlassen neutraler oder feindlicher Häfen nach dem Beginn der Feindseligkeiten, die Rechte und Pflichten der Neutralen zur See, unter anderen Fragen die der Konterbande, die Behandlung der Schiffe der Kriegführenden in neutralen Häfen, die Zerstörung der als Prisen angehaltenen neutralen Kauffahrteischiffe im Notfalle. In das Seekriegsrechts-Abkommen sollten ferner die für den Landkrieg geltenden Bestimmungen aufgenommen werden, soweit sie gleichermaßen auf den Seekrieg Anwendung finden könnten. Endlich wies das russische Programm der Konferenz die Aufgabe zu, das auf der Ersten Friedenskonferenz von 1899 getroffene Abkommen, betreffend die Anwendung der Grundsätze der Genfer Konvention auf den Seekrieg, zu ergänzen.

Die Zweite Internationale Friedenskonferenz hat die von ihr beabsichtigte umfassende Regelung des Seekriegsrechtes nur zu einem Teile durchführen können, weil die Rechtsauffassungen und die Interessen der beteiligten Mächte nicht überall in Einklang zu bringen waren. Namentlich das Prisenrecht, also gerade der Teil des Seekriegsrechtes, der für die neutrale Schiffahrt und den neutralen Handel das meiste Interesse bietet, blieb in der Hauptsache ungeregelt. Über das Recht der Blockade und der Konterbande sowie verschiedene andere Materien, die so oft zu ernsten Streitigkeiten zwischen Kriegführenden und Neutralen Anlaß gegeben hatten, wurde eine Einigung nicht erzielt. Daß sie ihr Programm auf dem Gebiete des Seekriegsrechtes nicht hatte erschöpfen können, gestand die Konferenz selber zu, indem sie in der Schlußakte vom 18. Oktober 1907 den „Wunsch" aussprach, daß die Ausarbeitung einer Ordnung der Gesetze und Gebräuche des Seekriegs in das Programm der nächsten Konferenz aufgenommen werde und daß jedenfalls die Mächte die Grundsätze des Abkommens über die Gesetze und Gebräuche des Landkriegs soweit wie möglich auf den Seekrieg anwenden möchten.

Auf deutsche und englische Initiative befaßte sich die Konferenz von 1907 eingehend mit der im russischen Programm nicht vorgesehenen Frage der Errichtung eines Internationalen Prisenhofs im Haag. Das Abkommen, von dem man sich eine Weiterbildung des Seekriegsrechtes versprach, enthielt in Artikel 7 die Sätze: Ist die (vom Prisenhofe) zu entscheidende Rechtsfrage vorgesehen in einem in Geltung befindlichen Abkommen zwischen der nehmenden Kriegsmacht und der Macht, die selbst oder von der ein Angehöriger Prozeßpartei ist, so richtet sich der Prisenhof nach den Bestimmungen dieses Abkommens. In Ermangelung solcher Bestimmungen wendet der Prisenhof die Bestimmungen des internationalen Rechtes an. Wenn allgemein anerkannte Regeln nicht bestehen, so entscheidet das Gericht nach den allgemeinen Grundsätzen der Gerechtigkeit und Billigkeit. Diese Sätze des Artikels 7 sollten es ermöglichen, ohne vorherige Vereinbarung über die vielen strittigen Fragen des materiellen Prisenrechts den Internationalen Prisenhof ins Leben zu rufen. Insbesondere Rußland und Japan nahmen bereits auf der Haager Konferenz an dieser Lösung Anstoß.

Solange die Konferenz tagte, hatte England an dem Artikel 7 nichts auszusetzen; die englischen Delegierten rügten bei den Verhandlungen über Artikel 7 keineswegs den Mangel an vertraglichen Seekriegsrechtsregeln. Sie wollten offenbar für sich gut Wetter auf der Konferenz behalten und sich dem Fortschritt im Seekriegsrecht nicht weniger zugetan zeigen wie die deutschen Delegierten. Im Haag wahrten sie das Gesicht. Aber schon zwei Tage vor Schluß der Konferenz sprach der erste englische Delegierte, Sir Edward Fry, in einem Bericht an Sir Edward Grey die ernstliche Hoffnung aus, daß durch eine Seerechtskonferenz oder in anderer Weise verschiedene Kontroversen des Seekriegsrechts gelöst werden möchten, ehe der Internationale Prisenhof in Tätigkeit trete. Es konnte daher nicht überraschen, daß die englische Regierung alsbald erklärte: es sei schwierig, wenn nicht unmöglich, vor der Gewinnung allgemein anerkannter Prisenrechtssätze dem britischen Parlament eine Vorlage über die Annahme der Prisengerichtskonvention mit Aussicht auf Erfolg zu unterbreiten.*)

Am 28. Februar 1908, also stark vier Monate nach dem Schluß der Haager Konferenz, übersandte die britische Regierung an mehrere Mächte ein Rundschreiben, um sie zu einer Seekriegsrechtskonferenz einzuladen. Auf der sorgfältig vorbereiteten Londoner Konferenz, die mit kurzer Unterbrechung vom 4. Dezember 1908 bis zum 26. Februar 1909 tagte, waren alle Großmächte sowie Spanien und die Niederlande vertreten. Das Ergebnis ihrer Beratungen ist die bis auf den heutigen Tag nicht ratifizierte „Erklärung über das Seekriegsrecht", die 71 Artikel umfassende soge-

---

*) Zum vorstehenden vergleiche das Weißbuch über die Ergebnisse der im Jahre 1907 im Haag abgehaltenen Zweiten Internationalen Friedenskonferenz vom 6. Dezember 1907, Seite 1, 2; ferner das Weißbuch über die Ergebnisse der in London vom 4. Dezember 1908 bis zum 26. Februar 1909 abgehaltenen Seekriegsrechts-Konferenz vom 20. März 1909, Seite 1; Heinrich Pohl, Deutsche Prisengerichtsbarkeit. Ihre Reform durch das Haager Abkommen vom 18. Oktober 1907. Tübingen 1911. Seite 176 ff.

nannte Londoner Deklaration vom 26. Februar 1909.*) Die Ratifikation scheiterte an dem heftigen Widerstande, der sich in England gegen die Deklaration erhob.**) Das englische Oberhaus lehnte am 12. Dezember 1911 die Naval prize bill ab. Damit war die Inkraftsetzung der Prisenhofkonvention sowie der Londoner Deklaration auch den übrigen Mächten unmöglich gemacht. Die diplomatischen Verhandlungen, welche durch eine Verständigung über einzelne wichtige Punkte die Ratifizierung der Deklaration herbeiführen sollten, rückten nur langsam von der Stelle und wurden von der englischen Regierung wohl nur weiter gesponnen, um Mittel und Wege zu finden, von der in Englands Hauptstadt auf englische Initiative vereinbarten Londoner Deklaration mit einigem Anstand loszukommen. Die Verhandlungen, über deren Verlauf nur wenig in die Öffentlichkeit drang, waren noch in der Schwebe, als der von England freventlich heraufbeschworene Weltkrieg ausbrach.***)

---

*) Siehe unten Anlage I. Um den Vergleich zwischen der Deklaration und den an ihr durch England vorgenommenen „Modifikationen" zu erleichtern, gebe ich in der Anlage nicht den französischen Urtext, sondern die offizielle englische Übersetzung der Deklaration wieder. — Über die Londoner Deklaration vgl. Hold von Ferneck in Grünhuts Zeitschrift, Bd. 36 Seite 301. E. Fitger, Das Seekriegsrecht nach den Beschlüssen der internationalen Konferenzen vom Haag 1907 und von London 1908/09 (Volkswirtschaftliche Zeitfragen. Heft 245/46). Berlin 1909. Th. Niemeyer, Das Seekriegsrecht nach der Londoner Deklaration vom 26. Februar 1909. Berlin 1909. Schramm, Die Verhandlungen und Beschlüsse der Londoner Seekriegsrechtskonferenz. Dezember 1908 bis Februar 1909. Auf Veranlassung des Reichs-Marine-Amts zusammengestellt. Berlin 1911. Schramm, Das Prisenrecht in seiner neuesten Gestalt. Berlin 1913. Hold von Ferneck im Handbuch des Völkerrechts Bd. IV, 3. Abteilung. Stuttgart 1914. Hirschmann, Das internationale Prisenrecht nach den Beschlüssen der II. Haager Friedens- und der Londoner Seekriegsrechts-Konferenz. München 1912.

**) Vgl. dazu die treffliche Schrift: Großbritannien, Deutschland und die Londoner Deklaration. Marinepolitische Stimmungsbilder und Untersuchungen von Graf E. Reventlow. Berlin 1911.

***) Die folgenden Untersuchungen sind eine wesentliche Erweiterung und Umarbeitung meines in der Kölnischen Zeitung 1914 Nr. 1211 erschienenen Artikels: „Der Dreiverband und die Londoner

II.

Eine den 71 Artikeln der Londoner Deklaration vorangestellte „Einleitende Bestimmung" lautet: „Die Signatarmächte sind einig in der Feststellung, daß die in den folgenden Kapiteln enthaltenen Regeln im wesentlichen den allgemein anerkannten Grundsätzen des internationalen Rechtes entsprechen." Die auf der Londoner Konferenz vertretenen Mächte legten besonderen Wert auf die allgemeine Anerkennung der von ihnen angenommenen Regeln und sprachen daher (in Artikel 70) die Hoffnung aus, daß auch die übrigen Staaten der Deklaration beitreten würden.

So durften die Neutralen billig erwarten, daß die Londoner Erklärung trotz der Nichtratifizierung im gegenwärtigen Kriege in allen wesentlichen Punkten tatsächlich beobachtet werde. England und seine Bundesgenossen, Frankreich und Rußland, versuchten denn auch, sich den Anschein zu geben, als ob sie dieser Erwartung entsprechen wollten.*) Auf Antrag des Privy Council erging am 20. August 1914 eine Order, worin die britische Regierung ihren Willen kundgab, während des Krieges soweit als möglich in Übereinstimmung mit den Vorschriften der Londoner Deklaration zu handeln. Diese Selbstbindung Englands, dem sich auch Frankreich**) und Rußland anschlossen, geschah nur "so far as may be practicable"; der Dreiverband erklärte die Annahme der Deklaration mit einigen „Hinzufügungen" und „Abänderungen". Und als England am 29. Oktober 1914

Deklaration". In diesem — Anfang Oktober verfaßten — Zeitungsartikel sind die wichtigen Änderungen, welche die britischen Verordnungen vom 29. Oktober gebracht haben, noch nicht berücksichtigt.

*) Wie die Norddeutsche Allgemeine Zeitung Nr. 296 vom 29. November 1914 berichtet, hat der bekannte offene Verfechter britischer Seewillkür Gibson Bowles erklärt, im Anfange des Krieges habe das britische Auswärtige Amt, um „sein Gesicht zu wahren", sich im großen und ganzen noch auf den Standpunkt der Deklaration gestellt. Lord Fisher kehre zur Admiralität in dem kritischen Augenblick zurück, „wo gerade noch Zeit sei, die Seeleute von den Rhetorikern zu erretten und die Flotte von den Diplomaten zu befreien."

**) Dekret vom 25. August 1914.

die Order vom 20. August aufhob, da geschah das unter gleichzeitiger erneuter Inkraftsetzung der Londoner Deklaration mit Ausnahme der Listen der Konterbande und der Nichtkonterbande sowie etlicher „Abänderungen".*)

Sieht man näher zu, so erkennt man unschwer, daß England die Deklaration mit so einschneidenden Zusätzen und Abänderungen „angenommen" und „in Kraft gesetzt" hat, daß man diese „Annahme" der Deklaration nur als eine plumpe Heuchelei und ein durchsichtiges Manöver bezeichnen kann, die öffentliche Meinung in den neutralen Staaten irrezuführen. Dazu kommt die rücksichtslose Art und Weise, in welcher England selbst die von ihm willkürlich zurechtgestutzte Deklaration verletzt hat; sie zeigt aufs deutlichste, daß England in seiner Seekriegführung ohne Rücksicht auf billige Ansprüche der neutralen Schiffahrt und des neutralen Handels lediglich nach seinen Interessen verfährt.**) Das gilt auch da, wo England den Buchstaben der Deklaration unangetastet gelassen hat: so hat, wie wir sehen werden, seine Seekriegspraxis das ganze Kapitel über das Blockaderecht beiseite geschoben, ohne daß es formell außer Kraft gesetzt wäre. Angesichts dieser englischen Praxis und der einschneidenden Abänderungen, die England an der Deklaration vorgenommen hat, kann nur kindliche Naivität oder nicht gewöhnliche Beschränktheit die „Annahme" der Deklaration als englisches Verdienst um die Entwicklung des Seekriegsrechtes buchen.

Die „Annahme" der Deklaration unter wichtigen Vorbehalten und Abänderungen widerspricht übrigens direkt einem Artikel, den England unverändert „angenommen" hat. Nach Artikel 65 „bilden die Bestimmungen dieser Erklärung ein unteilbares Ganzes". Dieser Artikel

---

*) Vgl. auch das französische Dekret vom 6. November im Journal officiel vom 7. November 1914.

**) „Der Deutsche ist aus der Dichter-, Denker- und Träumerzeit her noch durch den Hang zum Gefühl belastet, der in seiner Politik auf Kosten des Verstandes zu seinem Schaden zur Geltung kommt. Der Engländer aber handelt unabänderlich und folgerichtig nach Jeremias Bentham: „Jeder tue, was ihm selbst nützlich ist." Heinrich Spies, Deutschlands Feind. England und die Vorgeschichte des Weltkriegs. Berlin 1915. Seite 101.

ist, wie der Generalbericht des Redaktionsausschusses der Londoner Konferenz mit Recht betont, „von großer Wichtigkeit und entspricht dem, was für die Pariser Deklaration angenommen worden war. Die in der vorliegenden Erklärung enthaltenen Regeln betreffen sehr wichtige und sehr verschiedene Punkte. Sie sind nicht alle von allen Delegationen mit derselben Bereitwilligkeit angenommen worden; man hat in gewissen Punkten Zugeständnisse gemacht, im Hinblick auf Zugeständnisse, die man in anderen Punkten erhielt. Das Ganze ist, alles gegeneinander abgewogen, als zufriedenstellend anerkannt worden. Es würde eine berechtigte Erwartung getäuscht werden, wenn eine Macht in Ansehung einer Regel, der eine andere Macht besondere Bedeutung beimißt, Vorbehalte machen könnte." Welche Bewandtnis es mit der „Annahme" auch dieses Artikels 65 durch England und seine Bundesgenossen hat, werden die nachfolgenden Ausführungen ins rechte Licht zu rücken versuchen.

III.

Gleich das erste Kapitel der Deklaration hat England nicht unverändert „angenommen". Es handelt von der B l o c k a d e in Kriegszeiten. Erste Bedingung für die Zulässigkeit der Beschlagnahme eines Schiffes wegen Blockadebruchs ist, daß es Kenntnis von der Blockade gehabt hat. Diese Kenntnis soll nach der Londoner Deklaration unter Umständen bis zum Beweise des Gegenteils vermutet werden, nämlich dann, wenn das Schiff einen n e u t r a l e n Hafen nach Ablauf angemessener Zeit seit Bekanntgabe der Blokkade an die diesen Hafen innehabende Macht verlassen hat. Die Blockadeerklärung wird auch den örtlich zuständigen Behörden der blockierten Küstenstrecke bekannt gegeben, die dann ihrerseits die fremden Konsuln des blockierten Bereichs möglichst bald zu benachrichtigen haben; auf diese Weise sollen die in dem blockierten Hafen liegenden neutralen Schiffe verständigt werden. Diese Vorschriften genügten England, sowie Frankreich und Rußland, im gegenwärtigen Kriege nicht. Nach der Order in Council vom 20. August 1914 soll das Bestehen einer Blockade für alle Schiffe als bekannt erachtet werden, die so lange nach der Bekanntgabe der Blockade an die örtlichen Behörden von einem feindlichen Hafen abgefahren oder in einem solchen Hafen angelaufen sind, daß die feindliche Regierung genügend Gelegenheit hatte, um das Bestehen der Blockade bekannt zu machen. Ferner soll nach dieser Order in Council vom 20. August 1914 das Bestehen einer Blockade für alle Schiffe als bekannt gelten, die nach der Veröffentlichung der Blockadeerklärung von einem britischen Hafen oder einem Hafen einer der verbündeten Mächte abgefahren sind oder einen solchen angelaufen haben. Von diesen beiden Abänderungen der Londoner Deklaration ist namentlich die erstgenannte besonders charakteristisch für englische Anmaßung und Willkür. Im Widerspruch zur Londoner Erklärung sollen die Behörden des feindlichen Staates sofort unmittelbar den einzelnen in ihrem Hoheitsbereich liegenden Schiffen das Bestehen der Blockade bekanntgeben, also der blockierenden Streitmacht die Pflicht zur Bekanntgabe der Blockade an das einzelne Schiff abnehmen, dem die Kenntnis des Bestehens der Blockade fehlt und bei dem diese Kenntnis nach der Londoner Deklaration auch nicht vermutet werden kann. In rührender Unbefangenheit wird den feindlichen Behörden aufgebürdet, was Sache des Befehlshabers der blokkierenden Seestreitkräfte ist. England erklärte also am 20. August 1914, daß es gegebenenfalls den unerhörten Versuch unternehmen werde, die Behörden der feindlichen Macht seinem Blockadegeschwader dienstbar zu machen; fügen sich die Behörden des Feindes diesem Ansinnen Englands nicht, nun, dann müssen es eben unschuldige neutrale Schiffe büßen, die von dem Bestehen der Blockade keine Kenntnis haben, und die feindlichen Behörden allein sind Schuld daran; bei ihnen mögen sich die Eigentümer der neutralen Schiffe bedanken.

So das am 20. August 1914 verkündete Völkerrecht Englands! Es galt in dieser Gestalt bis zum 29. Oktober 1914. An diesem Tage wurde die Order vom 20. August außer Kraft gesetzt und erneut die Annahme der Londoner

Deklaration unter Festsetzung anderer Abänderungen verkündet. Die neue Order vom 29. Oktober enthält keine besonderen Vorschriften über Blockade; mithin — so sollte man meinen — enthält sie die Bindung Englands an sämtliche Blockaderechtssätze der Londoner Deklaration.

Ist England reuig zu der Londoner Kodifikation des Blockaderechts zurückgekehrt? Will es sich an die Londoner Blockaderegeln halten, welche die Interessen der Neutralen möglichst schonen und insbesondere jede Absperrung neutralen Gebiets untersagen?

Scheinbar ja, aber auch nur: scheinbar. Denn tatsächlich wirft England mit seiner Nordseesperre das ganze Blockaderecht über den Haufen, ohne seine einzelnen Sätze formell außer Kraft zu setzen. Es stößt unbedenklich den Artikel 4 der doch auch von ihm ratifizierten Pariser Deklaration beiseite: „Die Blockaden müssen, um rechtsverbindlich zu sein, wirksam sein, das heißt, durch eine Streitmacht aufrecht erhalten werden, welche hinreicht, um den Zugang zur Küste des Feindes wirklich zu verhindern." Natürlich spricht es mit keiner Silbe von diesem Satz, wenn es sich bemüht, seine Maßnahmen zu rechtfertigen. Es verzichtet eben auf das rechtlich genau geregelte Kriegsmittel der Blockade,*) weil es seinen scharfen Anforderungen, insbesondere dem Erfordernis der Effektivität der Blockade, zu genügen nicht in der Lage ist. England sieht sich außerstande, eine der Vorschrift der Pariser Deklaration von 1856 und der Londoner Deklaration von 1909 entsprechende tatsächlich wirksame Blockade der deutschen Küsten durchzuführen. Es kehrt deshalb zur Praxis der papiernen Blokkade — man hat sie in früheren Zeiten bezeichnenderweise „blocus anglais" genannt**) — zurück. Dabei vermeidet die britische Regierung sorgsam das Wort „Blockade", sucht aber um so rücksichtsloser die Wirkungen dieses Kriegsmittels, das es selbst nicht anwenden kann, auf Umwegen zu erreichen.

---

*) Vgl. dazu De Nieuwe Courant, Abendblatt vom 4. November 1914.

**) Heinrich Pohl, Aus Völkerrecht und Politik. Gesammelte Aufsätze. Berlin 1913. S. 165 ff.

Nachdem in der englischen Presse der Plan einer Blockade der Nordsee, einer Blockade von Calais bis Bergen eifrig erörtert und befürwortet worden war*), erklärte die britische Admiralität am 3. November 1914 die ganze Nordsee als Kriegsgebiet. England hat dadurch mehrere neutrale Länder, soweit es ihm beliebte, von der Seeseite nahezu gesperrt; es hat eine mit anderem Namen belegte Blockierung neutraler Häfen und Küsten verfügt. Diese Maßnahme versucht der neutralen Nordsee-Schiffahrt durch Vorspiegelung von Gefahren den Weg um Nord-England herum zu verleiden und nahezu unmöglich zu machen und diese Schiffahrt durch den Ärmelkanal zu pferchen, um sie so nach Belieben überwachen und lahmlegen zu können. Aus angeblicher Fürsorge für die Sicherheit der neutralen Handelsschiffe will England sie durch ein bestimmtes Seegebiet leiten. Es gibt bekannt, daß neutrale Schiffe ohne diese englische Fürsorge den ernstesten Gefahren ausgesetzt seien. Diese Gefahren drohten ihr einmal seitens der Minen, die England habe auslegen müssen, sodann seitens der Kriegsschiffe, die bei Tag und Nacht argwöhnisch nach verdächtigen Fahrzeugen suchten. Alle Handels- und Fischereifahrzeuge, welcher Art auch immer, werden deshalb von der britischen Admiralität vor den Gefahren gewarnt, denen sie sich dadurch aussetzen, daß sie sich auf dieses Kriegsgebiet begeben, es sei denn, daß sie die Weisungen der Admiralität streng befolgen. Die Admiralität erklärt, daß alle Schiffe, die eine Linie vom nördlichsten Punkt der Hebriden über die Faroer nach Island überschreiten, dies vom 5. November an auf eigenes Risiko tun. Schiffen aus Ländern, die Handel von und nach Norwegen, der Ostsee und Dänemark zu treiben beabsichtigen, wird, falls sie auf dem Heimwege sind, geraten, durch den englischen Kanal und die Straße von Dover zu gehen. Dort werden ihnen — so fährt die Nordseesperr-Erklärung fort — Anweisungen für die Fahrt gegeben, die, soweit es Großbritannien angeht, sie sicher längs der Ostküste Englands zu der Faroerinsel

*) Stier-Somlo, „Englands Blockadeabsichten" in Nr. 1182 der Kölnischen Zeitung vom 28. Oktober 1914.

bringen werden; von da soll ihnen, wenn möglich, ein sicherer Weg nach Kap Lindesnaes gezeigt werden. Je nach ihrem Bestimmungsort sollen sie von dort nach Norden oder Süden gehen, indem sie sich möglichst nahe der Küste halten. Für Schiffe, die auslaufen, wird die Fahrstraße entsprechend in entgegengesetzter Richtung festgesetzt. Wenn sie sich genau an diese Routen halten, werden die Handelsschiffe, was an Großbritannien liegt, sicher an ihren Bestimmungsort gelangen. Dagegen kann jede Abweichung von dem angegebenen Kurs, selbst wenn es nur wenige englische Meilen sind, leicht zu schicksalsschweren Folgen führen. — So die englische Nordseesperr-Erklärung vom 3. November 1914.*)

Das Ganze ist englischer „Bluff". Denn tatsächlich ist — worauf deutscherseits sofort hingewiesen wurde — die Schiffahrt nirgends so sicher wie auf dem Wege um Nord-England herum. Dagegen wimmelt die südliche Nordsee von treibenden Minen englischen und französischen Ursprungs. Und durch dieses von englischen Minen verseuchte Gebiet weist England den Neutralen einen angeblich sicheren Kurs! Daß die Befolgung der durch kaum versteckte Drohungen fast zum Befehl gemachten englischen Weisung die denkbar größten Gefahren und Schädigungen für die neutralen Schiffe mit sich bringen mußte,**) kümmert die Herren von der britischen Admiralität nicht im geringsten. Dem Interesse Albions wird unbedenklich Gut und Blut der Neutralen geopfert. Ob es durch die Sperre der Nordsee den von ihm bei anderer Gelegenheit heuchlerisch angerufenen Grundsatz der Meeresfreiheit verletzt,***) ob es den Handel neutraler Staaten ins Herz trifft, — darüber macht man sich in England keinerlei Skrupel. Was es in gewohnter Rücksichtslosigkeit zum

---

*) Sie findet sich unten als Anlage VII in dem von The Times am 3. November 1914 veröffentlichten Wortlaut.

**) Vgl. über die „sichere" Fahrstraße Englands Nr. 1001 der Kölnischen Volkszeitung vom 20. November 1914.

***) Vgl. darüber meinen Aufsatz „England — als Anwalt der Meeresfreiheit" in Nr. 558 der Hamburger Nachrichten vom 28. November 1914.

Schaden der Neutralen ins Werk setzte, sucht es zu rechtfertigen durch die verleumderische Behauptung, die Deutschen hätten auf offener See und ohne jede Ordnung unter Mißbrauch einer neutralen Flagge Minen gelegt*) und so das Leben aller Seefahrenden ruchloserweise gefährdet. Unter diesen Umständen, so behauptet die britische Admiralität, sei sie — „in Erwägung der bedeutenden Interessen, die der englischen Marine anvertraut sind, sowie der Sicherheit des friedlichen Handels auf offener See und der Handhabung des Handelsverkehrs zwischen neutralen Ländern innerhalb der Grenzen des internationalen Rechts" — genötigt worden, Ausnahmemaßregeln zu treffen und die ganze Nordsee als Kriegsgebiet zu erklären. Wie ungerechtfertigt und nichtswürdig diese Beschuldigungen unserer Marine sind, hat die deutsche Reichsregierung in ihrer an die neutralen Mächte gerichteten Note vom 7. November 1914 (Anlage VIII) klargestellt.**) Ausgerechnet England wagt es, sich als Anwalt der Meeresfreiheit aufzuspielen, die es immer mit Füßen getreten hat! Das ist echt — englisch.

Naturam expellas furca, tamen usque recurret. England ist zur Praxis der englischen Blockade zurückgekehrt. Freilich wird das Ding, das bei anderen Völkern in unliebsamer Erinnerung steht, nicht mehr „Blockade" genannt. Man hat in der Kunst der Namengebung mancherlei ge-

*) Die Kölnische Zeitung brachte in Nr. 1266 vom 20. November 1914 folgende telegraphische Meldung aus Kiel: „Die Anweisung minenfreier Fahrwasser nördlich um Schottland wird den beteiligten großen Überseelinien der neutralen nordischen Staaten durch die britische Regierung zugestellt. Die schwedische Amerika-Linie hat eine solche bereits erhalten, die norwegische Mexiko-Linie erwartet sie, nachdem für die New York-Linie ein sicherer Weg angegeben worden ist. Die Angaben der britischen Regierung beweisen aufs neue, daß die britische Admiralität sehr gut weiß, wo die Minen liegen, und daß ihre Behauptung, es seien deutsche Minen auf neutralen Zufahrtsstraßen gelegt worden, eitel Lug und Trug ist, nur darauf berechnet, uns bei den Neutralen zu verdächtigen und Englands Angst vor unsern Unterseebooten zu verschleiern".

**) Siehe auch den Artikel von Graf E. Reventlow in der Deutschen Tageszeitung Nr. 588 vom 19. November 1914: „Mr. Asquith sagt Unwahrheiten".

lernt. Man bindet die Maske selbstloser Fürsorge für die Sicherheit der Neutralen vor, man droht nicht offen, aber doch in einer nicht mißzuverstehenden Deutlichkeit, man knebelt die Neutralen durch Verhängung einer papiernen Blockade über ihre und feindliche Küsten. Das alles aber wird gemacht, ohne daß man an dem Wortlaut der Artikel der Londoner Deklaration über die Blockade in Kriegszeiten Änderungen vornimmt, ja sogar unter erneuter Inkraftsetzung derselben.

Doppelt genäht hält besser! Um die Durchführung der Handelsblockade gegen die Neutralen in jeder Beziehung möglichst sicher zu stellen, ändert England — das die Bestimmungen der Pariser Seerechtsdeklaration und der Londoner Deklaration über die Blockade dem Buchstaben nach unberührt läßt — auch noch die Vorschriften der Londoner Deklaration über Kriegskonterbande, um auch durch deren Handhabung im Verein mit den Wirkungen der Nordseesperre den vollen Erfolg einer Blockade über neutrale und feindliche Küsten herbeizuführen. Blockaderecht und Konterbandenrecht der Londoner Deklaration — beide mißbraucht zur Maskierung der papiernen Blockade! Doch vom Konterbanderecht ist noch eingehender zu sprechen. —

IV.

Das gerade im gegenwärtigen Kriege wichtigste Kapitel der Londoner Deklaration ist das zweite, das die Überschrift Kriegskonterbande trägt. Es behandelt, wie der Generalbericht des Redaktionsausschusses hervorhebt, einen Gegenstand, der zuweilen zu ernsten Streitigkeiten zwischen den Kriegführenden und den Neutralen Anlaß gegeben hat. Der friedliche Handel hätte in der Tat Grund zur Zufriedenheit gehabt, hätten sich gewisse Kriegführende an die in London getroffene Regelung des Konterbanderechts gehalten. Aber gerade hier hat England, ebenso wie Frankreich und Rußland, die Londoner Deklaration derartig mißhandelt, daß seine „Annahme“ der Deklaration für die

Neutralen nahezu völlig wertlos ist. Auf berechtigte neutrale Interessen nimmt weiter auch noch die Schnelligkeit, mit der England seinen Standpunkt welchselt, keinerlei Rücksicht: hat es doch in den ersten drei Monaten des Krieges nicht weniger als viermal sein Konterbanderecht geändert. Bei einem solchen Gebahren muß alle Rechtssicherheit schwinden. Niemand weiß, mit welchem neuen Konterbanderecht England morgen, mit welchem es übermorgen die Welt überraschen wird.

Die Londoner Deklaration stellt drei Listen auf: eine Liste der absoluten Konterbande (Artikel 22), eine Liste der relativen Konterbande (Artikel 24) und eine Freiliste (Artikel 28).

Die erste dieser Listen zählt unter 11 Ziffern Gegenstände auf, die ausschließlich oder vorwiegend zu Kriegszwecken dienen; es sind dies: 1. Waffen jeder Art, mit Einschluß der Jagdwaffen, und ihre als solche kenntlichen Bestandteile; 2. Geschosse, Kartuschen und Patronen jeder Art sowie ihre als solche kenntlichen Bestandteile; 3. Schießpulver und Sprengstoffe, die besonders für den Krieg bestimmt sind; 4. Lafetten, Munitionswagen, Protzen, Proviantwagen, Feldschmieden und ihre als solche kenntlichen Bestandteile; 5. militärische als solche kenntliche Kleidungs- und Ausrüstungsstücke; 6. militärisches als solches kenntliches Geschirr jeder Art; 7. für den Krieg benutzbare Reit-, Zug- und Lasttiere; 8. Lagergerät und seine als solche kenntlichen Bestandteile; 9. Panzerplatten; 10. Kriegsschiffe und sonstige Kriegsfahrzeuge sowie solche Bestandteile, die nach ihrer besonderen Beschaffenheit nur auf einem Kriegsfahrzeuge benutzt werden können; 11. Werkzeuge und Vorrichtungen, die ausschließlich zur Anfertigung von Kriegsmaterial oder zur Anfertigung und Ausbesserung von Waffen und von Land- und Seekriegsmaterial hergestellt sind. Überdies behält die Londoner Deklaration jedem Staat das Recht vor, Gegenstände und Stoffe, die ausschließlich für den Krieg verwandt werden, mittels einer bekanntzugebenden Erklärung in die Liste der absoluten Konterbande aufzunehmen (Artikel 23). Also „ausschließliche Verwendung für den Krieg“

ist die Voraussetzung für jede Erweiterung der Liste der absoluten Konterbande. England kümmert sich um diese Voraussetzung nicht, obwohl es die Londoner Erklärung „angenommen" hat; es maßt sich an, Gegenstände, die auch für friedliche Zwecke verwendbar sind, in die Liste der absoluten Konterbande einzustellen: es übernimmt Luftschiffe, Flugmaschinen und Zubehörstücke aus der Liste der relativen in die der absoluten Konterbande. Die Londoner Erklärung Artikel 24 Ziffer 8 (Balloons and flying machines and their distinctive component parts, together with accessories and articles recognisable as intended for use in connection with balloons and flying machines) steht in der Order in Council vom 5. August 1914 auf der Liste der absoluten Konterbande als Ziffer 11 in folgender Fassung: Aeroplanes, airships, balloons, and aircraft of all kinds, and their component parts, together with accessories and articles recognisable as intended for use in connection with balloons and aircraft. Am 29. Oktober 1914 erweiterte dann England seine Liste der absoluten Konterbande in ganz maßloser Weise; sie umfaßt nunmehr 26 Ziffern! In der Liste der absoluten Konterbande finden wir jetzt auch: Schwefelsäure, Entfernungsmesser und ihre als solche kenntlichen Bestandteile, Haematit-Eisenerz und Haematit-Roheisen, Eisen-Pyrite, Nickelerz und Nickel, Chromeisen und Chromerz, Kupfer (unbearbeitet), Blei in Blöcken, Platten oder Röhren, Aluminium, Ferro-Silicium, Stacheldraht sowie die zu dessen Befestigung und Zerschneidung dienenden Werkzeuge, Motorwagen aller Art und ihre Bestandteile, Motor-Radreifen, Gummi, Mineralöle und Motorspiritus, ausgenommen Schmieröle. England hat also nicht nur Gegenstände, die nach der Londoner Deklaration als relative Konterbande anzusehen sind, für absolute Konterbande erklärt, sondern sogar auch solche, die nach Artikel 28 der Londoner Deklaration unter keinen Umständen als Kriegskonterbande erklärt werden können; es seien aus diesem Artikel 28 hier nur Gummi und Erze hervorgehoben. Der Generalbericht des Redaktionsausschusses der Londoner Konferenz meinte, „es würde zurzeit schwierig sein, Gegenstände, die ausschließlich für den Krieg verwandt werden, anzugeben, die nicht schon auf der Liste (des Artikels 22) stehen". Der Verfasser des Generalberichts, Herr Louis Renault, Professor an der juristischen Fakultät in Paris, charakterisierter bevollmächtigter Minister, Justitiar des Ministeriums der auswärtigen Angelegenheiten, Mitglied des Instituts von Frankreich, Mitglied des Ständigen Schiedshofs, hat sich gründlich geirrt. England schreckt eben vor keiner „Schwierigkeit" zurück, wo es die Interessen seiner Feinde schädigen zu können glaubt. Der Franzose Renault hat das Maß von Rücksichtslosigkeit, dessen das verbündete England neutralen Staaten gegenüber fähig ist, entschieden unterschätzt.

Die Liste der relativen Konterbande, so wie sie in Artikel 24 der Londoner Deklaration enthalten ist, ließ England zunächst im wesentlichen unverändert; nur wurden, wie bereits erwähnt, am 5. August 1914 Luftschiffe, Flugmaschinen und Zubehörstücke aus der Liste der relativen in die der absoluten Konterbande herübergenommen. Anderthalb Monat später, am 21. September 1914, ging die britische Regierung dazu über, die Liste der relativen Konterbande erheblich zu erweitern; sie setzte noch darauf: unverarbeitetes Kupfer, Blei in Blöcken, Platten oder Röhren, Glyzerin, Ferrochrom, Haematit-Eisenerz, Gummi, Häute und Leder, roh und gegerbt (zubereitetes Leder nicht einbegriffen). England erklärte also Gegenstände, die gar nicht oder doch nur sehr mittelbar für kriegerische Zwecke verwendbar sind und daher auf der Freiliste der Londoner Deklaration (Artikel 28) stehen, als relative Konterbande, gab mithin seinen Willen kund, den neutralen Handel mit Gegenständen ausschließlich friedlichen Gebrauchs zu stören. Am 29. Oktober 1914 verkündete die britische Regierung eine neue Liste der relativen Konterbande. Trotzdem sie am gleichen Tage eine 26 Ziffern umfassende neue Liste der absoluten Konterbande in Kraft setzte und obwohl diese Liste auch Gegenstände aufzählt, welche die Londoner Deklaration für relative Konterbande erklärt, enthält die neueste Liste der relativen Konterbande vom 29. Oktober 1914 immer noch eine Ziffer mehr als die Liste der Londoner Deklaration in Artikel 24. Seit dem 29. Oktober behandelt

England als relative Konterbande: 1. Lebensmittel; 2. Furage und Nahrungsmittel für Tiere; 3. für militärische Zwecke geeignete Kleidungsstücke, Kleidungsstoffe und Schuhwerk; 4. Gold und Silber, geprägt und in Barren, sowie Papiergeld; 5. für den Krieg verwendbare Fuhrwerke jeder Art — jedoch nicht Motorfahrzeuge — und ihre Bestandteile; 6. Schiffe, Boote und Fahrzeuge jeder Art, Schwimmdocks und Vorrichtungen für Trockendocks sowie ihre Bestandteile; 7. festes und rollendes Eisenbahnmaterial, Telegraphen-, Funkentelegraphen- und Telephonmaterial; 8. Feuerungsmaterial — ausgenommen Mineralöle — und Schmierstoffe; 9. Schießpulver und Sprengstoffe, die nicht besonders für den Krieg bestimmt sind; 10. Schwefel; 11. Glyzerin; 12. Hufeisen und Hufschmiedegerät; 13. Geschirr und Sattelzeug; 14. Häute aller Art, trocken und naß, Schweinefelle, roh oder bearbeitet, Leder, bearbeitet oder unbearbeitet, sofern es für Sattlerei, Geschirr oder Militärstiefel geeignet ist, 15. Doppelgläser, Fernrohre, Chronometer und nautische Instrumente aller Art.

Die Unterscheidung zwischen absoluter und relativer Konterbande ist nach der Londoner Deklaration in zweifacher Hinsicht von Bedeutung: einmal genügt zur Beschlagnahme von relativer Konterbande nicht eine allgemeine feindliche Bestimmung wie bei der absoluten Konterbande, sondern es muß die besondere feindliche Bestimmung der relativen Konterbande für den Gebrauch der Streitmacht oder der Verwaltungsstellen des Feindes vorliegen; sodann ist aber die Unterscheidung auch für die namentlich früher heiß umstrittene Lehre von der einheitlichen Reise von Wichtigkeit. Die Meinungen waren früher geteilt in der Beantwortung der Frage, ob Konterbandegegenstände auch dann beschlagnahmt werden dürfen, wenn sie zunächst nach einem neutralen Hafen gebracht werden, dabei aber feststeht oder zu vermuten ist, daß sie von dort aus auf dem Land- oder Seewege nach dem feindlichen Lande befördert werden sollen. Die Londoner Deklaration gibt hier eine klare Entscheidung. Danach darf in einem solchen Falle, wenn es sich um a b s o l u t e Konterbande handelt, die ganze von der Ware auszuführende Reise als ein einheitliches Unternehmen angesehen und demnach die Ware schon vor ihrem Eintritt in den neutralen Hafen beschlagnahmt werden. Hier ist also die Lehre von der einheitlichen Reise streng durchgeführt. Für die relative Konterbande dagegen hatte man sich in London auf die gänzliche Beseitigung dieser Lehre geeinigt; relative Konterbande darf daher, wenn sie über einen neutralen Hafen eingeführt wird, nur dann beschlagnahmt werden, wenn ihre besondere feindliche Bestimmung nachgewiesen werden kann.

Nun läßt England trotz dieser Londoner Regelung die berüchtigte Lehre von der einheitlichen Reise wiederum in vollem Umfange aufleben. Es faßt nämlich den Begriff der „feindlichen Bestimmung" der relativen Konterbande in einer Weise, daß tatsächlich vom Konterbanderecht der Londoner Deklaration gerade die wichtigsten Bestimmungen gestrichen sind. Seine Abänderungen am Konterbanderecht der Londoner Konferenz sind so einschneidender Natur, daß, wie sich zeigen wird, die ganze Unterscheidung zwischen absoluter und relativer Konterbande nahezu völlig bedeutungslos erscheinen muß.

Nach Artikel 33 der Londoner Deklaration unterliegen die Gegenstände der relativen Konterbande der Beschlagnahme, wenn bewiesen wird, daß sie für den Gebrauch der Streitmacht oder der Verwaltungsstellen des feindlichen Staates bestimmt sind, es sei denn, daß im letzteren Falle nach Ausweis der Umstände diese Gegenstände tatsächlich nicht für den derzeitigen Krieg benutzt werden können. Dieser Vorbehalt soll auf Gold, Silber und Papiergeld keine Anwendung finden, „weil eine Geldsumme leicht von einem Ende der Welt zum anderen überwiesen werden kann". Tatsächlich werden nur in seltenen Fällen Konterbande-Sendungen an Militärbehörden oder Verwaltungsstellen des Feindes adressiert sein; nichts ist natürlicher, als daß die wahre Bestimmung, welche die nehmende Kriegsmacht zu beweisen hat, nach Möglichkeit verschleiert wird. Die Londoner Deklaration kommt daher der nehmenden Kriegsmacht mit der Aufstellung von Vermutungen zu Hilfe: Die im Artikel 33 vorgesehene Bestimmung wird — vorbehaltlich des Gegenbeweises — vermutet, wenn die Sendung an die feindlichen Behörden oder an einen im feindlichen Lande ansässigen Händler gerichtet ist, von dem es feststeht, daß er dem Feinde Gegenstände und Stoffe dieser Art liefert. Das Gleiche gilt für eine Sendung, die nach einem befestigten Platze des Feindes oder nach einem anderen der feindlichen Streitmacht als Operations- oder als Verpflegungsbasis dienenden Platze bestimmt ist; diese allgemeine Vermutung findet auf das Kauffahrteischiff selbst, welches nach einem dieser Plätze fährt und dessen Eigenschaft als Konterbande bewiesen werden soll, keine Anwendung. Dadurch wird natürlich der nehmenden Kriegsmacht nicht das Recht genommen, den direkten Beweis zu erbringen, daß das Kauffahrteischiff für den Gebrauch der Streitmacht oder der Verwaltungsstellen des Feindes bestimmt ist. Nach Artikel 35 endlich unterliegt relative Konterbande der Beschlagnahme nur auf einem Schiffe, das sich auf der Fahrt nach dem feindlichen oder vom Feinde besetzten Gebiet oder zur feindlichen Streitmacht befindet und das die Ware nicht in einem neutralen Zwischenhafen ausladen soll. Die Lehre von der einheitlichen Reise ist also von der Londoner Konferenz für die Gegenstände der relativen Konterbande beseitigt worden. Soll die Ware nach den Schiffs- oder Ladungspapieren in einem neutralen Hafen ausgeladen werden, so kann sie keine Konterbande sein, gleichviel ob sie in dem neutralen Lande bleiben oder von dem neutralen Hafen auf dem Land- oder Seeweg zum Feinde weiterbefördert werden soll. Die Schiffspapiere begründen vollen Beweis in Ansehung der Fahrt des Schiffes sowie des Ortes der Ausladung der Ware, es sei denn, daß bestimmte Tatsachen die Unrichtigkeit ihrer Angaben dartun; solche Tatsachen sind z. B. dann als vorliegend anzusehen, wenn beim Antreffen des Schiffes dieses offenbar von der nach den Schiffspapieren einzuhaltenden Fahrt abgewichen ist und keinen hinreichenden Grund für diese Abweichung nachzuweisen vermag. — So die Regeln der Londoner Deklaration.

Was hat England aus diesen Regeln, die einen billigen Ausgleich zwischen den Interessen der Kriegführenden und des friedlichen Handels darstellen, durch die Bestimmungen seiner Orders in Council gemacht?

Sehen wir zunächst zu, wie die britische Regierung in der Order vom 20. August, die bis zum 29. Oktober in Geltung war, mit den Artikeln 33 bis 35 der Londoner Deklaration umgesprungen ist.

Die feindliche Bestimmung, von der im Artikel 33 die Rede ist, kann nach der Order in Council vom 20. August 1914 aus jedem genügenden Beweis abgeleitet werden, und diese Bestimmung soll auch dann als vorhanden vermutet werden, wenn die Güter direkt oder indirekt an einen Agenten des feindlichen Staates oder an einen Kaufmann oder irgend eine andere Person adressiert sind, die „von der Obrigkeit des feindlichen Staates abhängig" ist. Diese „Abhängigkeit" ist ein so dehnbarer Begriff, daß die britische Regierung sein Versagen kaum ernstlich zu befürchten brauchte. Jeder Mensch, der sich im Staatsgebiet aufhält, ist der Staatsgewalt unterworfen, ist von ihr abhängig. Der dehnbare Begriff sollte möglichst jede nach dem feindlichen Lande gerichtete Sendung der Beschlagnahme aussetzen. Das bedeutete aber im Ergebnis nichts anderes als die Erklärung einer papiernen Blockade, eine maßlose Erweiterung des „Blockaderechts", eine Wiederbelebung der alten englischen Praxis, die von dem Grundsatz der Effektivität der Blockade nichts wissen wollte. Auf dem Umwege über ein willkürlich zurecht gemachtes Konterbanderecht und unter möglichster Vermeidung allzu einschneidender formeller Änderungen des Blockaderechts kehrte England zu den barbarischen Zeiten der „englischen Blockade" zurück. Es ließ den vierten Satz der von ihm angenommenen Pariser Seerechtsdeklaration — „die Blockaden müssen, um rechtsverbindlich zu sein, wirksam sein, das heißt, durch eine Streitmacht aufrecht erhalten werden, welche hinreicht, um den Zugang zu der Küste des Feindes wirklich zu verhindern" — formell unangetastet, trat ihn aber in Wahrheit mit Füßen. Auf diese Weise suchte es den Zweck einer nur mit großen militärischen Mitteln und unter nicht geringen Gefahren durchführbaren Blockade zu erreichen, ohne den Erfordernissen, die eine rechtsgültige Blockade an die blockierende Macht stellt, zu genügen.

Und um diesen Zweck möglichst vollkommen zu erreichen, schreckte England auch nicht davor zurück, die Lehre von der einheitlichen Reise durch die Order in Council vom 20. August auf die relative Konterbande auszudehnen:

„Ungeachtet der Vorschrift des Artikels 35 der Londoner Deklaration unterliegt relative Konterbande der Beschlagnahme, wenn nachgewiesen wird, daß sie die in Artikel 33 bezeichnete Bestimmung hat, ohne Rücksicht darauf, nach welchem Hafen das Schiff bestimmt ist und in welchem Hafen die Ladung gelöscht werden soll."

Mit diesem Satz nahm England den gesamten nach der Londoner Deklaration durchaus legitimen Handel zwischen den Neutralen und seinen Feinden unter seine Kontrolle. Die kleineren neutralen Mächte sehen sich dadurch in ihrem Wirtschaftsleben auf das empfindlichste getroffen; nur mit äußerstem Widerstreben beugten sie sich der Gewalt. Um nur ein Beispiel anzuführen: Die Holland-Amerika-Linie verlangte, um der Aufbringung ihrer Schiffe durch englische Kreuzer zu entgehen, von ihren Verladern eine schriftliche, durch den englischen Konsul legalisierte Erklärung, daß die mit ihren Dampfern ankommenden, als relative Konterbande erklärten Waren zum Verbrauch in Holland bestimmt sind und daß deren Durchfuhr oder Ausfuhr nach anderen Ländern bis zum Ende des gegenwärtigen Krieges nicht geschehen darf, daß ebensowenig eine vorrätige Partie Güter gleicher Art und Größe ausgeführt werden soll. Diese Beschränkungen sollen nur hinsichtlich der niederländischen Kolonien und derjenigen Staaten nicht gelten, die nicht mit England, Frankreich und Rußland im Kriegszustande sind. Die Empfänger müssen sich verpflichten, von ihren Käufern entsprechende Erklärungen zu fordern, und, wenn verlangt, vorzulegen. Diese „Erklärung" muß die Holland-Amerika-Linie für die fraglichen Güter in Plymouth vorweisen, um die Güter nach Rotterdam weiterschaffen zu können. So bekommt die englische Regierung Kenntnis von allem, was an wichtigen Waren nach Holland eingeführt wird, und damit hat England diesen neutralen Staat überhaupt unter seiner Kontrolle.*) Zu Anfang Oktober hörte man, daß England der niederländischen Regierung zugesagt habe, künftig keine holländischen Schiffe mehr anzuhalten mit Ladung von Nahrungsmitteln, deren Ausfuhr aus Holland verboten ist. Das kommt darauf hinaus, daß England den Holländern ihre Ausfuhrverbote diktiert.

Ein Unterschied zwischen absoluter und relativer Konterbande besteht im Ergebnis bei diesem Gebahren Englands nicht mehr: Kanonen und Lebensmittel werden völlig gleich behandelt, obwohl England davon abgesehen hat, die Lebensmittel in die Liste der absoluten Konterbande einzustellen. Es macht den zur Versorgung der Bevölkerung eines kriegführenden Staates bestimmten neutralen Handel mit Lebensmitteln illusorisch und verletzt so das Interesse des Kriegführenden wie der Neutralen in einer von der Londoner Konferenz verworfenen Weise. Das wird mit vollem Recht in der unterm 10. Oktober 1914 an die neutralen Mächte gerichteten Denkschrift der Kaiserlich deutschen Regierung über die Stellung Englands und Frankreichs zu der Londoner Seekriegsrechtserklärung scharf betont. Über die Rücksichtslosigkeit, mit welcher England dabei verfährt, heißt es in der deutschen Denkschrift: „Wie die Ereignisse auf dem Seekriegsschauplatze beweisen, geht England nach dieser Richtung in der rücksichtslosesten Weise vor dergestalt, daß es sogar den für die Nachbarländer Deutschlands bestimmten Bedarf in Kontrolle nimmt und dadurch auch deren Versorgung in Frage stellt." **)

Diese englischen „Modifikationen" vom 20. August 1914 zu den Artikeln 33, 34 und 35 der Londoner Deklaration sind alsbald, nämlich bereits am 29. Oktober 1914, durch andere „Modifikationen" ersetzt worden. Auf den ersten Blick möchte man versucht sein, aus den Bestimmungen

---

*) Sehr bezeichnend für die englischen Methoden sind die Dokumente, welche in dem Aufsatz „England und der Handel der Neutralen" in der Neuen Hamburgischen Börsen-Halle Nr. 555 vom 31. Oktober 1914 veröffentlicht wurden.

**) Norddeutsche Allgemeine Zeitung Nr. 262 vom 25. Oktober 1914. Siehe unten Anlage V.

der Order in Council vom 29. Oktober gewisse Milderungen herauszulesen. Bei genauerem Zusehen aber erkennt man, daß der scheinbare Rückzug in Wahrheit die Lage des neutralen Handels keineswegs verbessert hat. Ganz im Gegenteil. Wohl noch niemals ist neutralen Staaten so offen mit wirtschaftlicher Erdrosselung für den Fall gedroht worden, daß sie sich den englischen Anmaßungen nicht fügen sollten.

Während die Order vom 20. August in der Frage der Beweislast nicht von der Londoner Deklaration abwich, wird jetzt durch die Order vom 29. Oktober auch hier zu gunsten des englischen Interesses eine Änderung vorgenommen. Die in Artikel 33 vorgesehene feindliche Bestimmung wird nämlich — über die in Artikel 34 der Londoner Deklaration aufgestellten Vermutungen hinaus — nach der Order in Council vom 29. Oktober 1914 auch dann vermutet, wenn die Waren an einen Agenten des feindlichen Staates gerichtet oder im Auftrage eines solchen Agenten abgesandt sind.*) Daß dieser Agent im feindlichen Lande ansässig ist, wird dabei nicht gefordert.

Weiterhin stellt der Erlaß vom 29. Oktober unter Festhaltung an der Lehre von der einheitlichen Reise für das Recht der relativen Konterbande folgende Vermutung auf: Ungeachtet der Bestimmungen des Artikels 35 der Londoner Deklaration soll relative Konterbande an Bord eines für einen neutralen Hafen bestimmten Schiffes der Beschlagnahme unterliegen, wenn die Güter „an Order" adressiert sind, oder wenn die Schiffspapiere nicht erkennen lassen, wer der Empfänger der Güter ist, oder wenn sie einen Empfänger der Güter in feindlichem oder vom Feinde besetzten Gebiete angeben.

In allen diesen Fällen liegt daher nach neuestem englischen Recht den Eigentümern der Waren der Beweis ob, daß deren Bestimmung harmlos ist.**)

---

*) Das französische Dekret vom 6. November 1914 bestimmt in Artikel 1 Ziffer IV: „La destination visée à l'article 33 de la Déclaration de Londres (outre les présomptions posées à l'article 34) est présumée si la marchandise est consignée à ou pour un agent de l'Etat ennemi".

**) Ebenso das französische Dekret vom 6. November 1914.

Hiermit noch nicht zufrieden, scheut England auch nicht vor einem äußersten Schritt zurück. Da findiger Kaufmannsgeist ihm doch ein Schnippchen schlagen könnte, droht es gewissen neutralen Staaten mit einer schwarzen Liste. Die Verschärfungen gegenüber den Bestimmungen, auf die sich die Londoner Seekriegsrechtskonferenz geeinigt hatte, erscheinen erst in dem rechten Lichte, wenn man sich die famose Erfindung dieser schwarzen Liste für ungehorsame neutrale Staaten ansieht, die in der Order of Council vom 29. Oktober drohend in Aussicht gestellt wird. Für solche ungehorsame neutrale Länder droht England mit gänzlicher Beiseiteschiebung des Artikels 35 der Londoner Deklaration: Wo es zur Befriedigung eines der Hauptstaatssekretäre Seiner Majestät dargetan wird, daß die feindliche Regierung Lieferungen (supplies) für ihre Streitkräfte von einem neutralen Lande oder durch ein neutrales Land bezieht, kann er verfügen, daß in Ansehung von Schiffen, die nach einem Hafen dieses neutralen Landes bestimmt sind, der Artikel 35 der Londoner Deklaration keine Anwendung finden soll. Eine solche Verfügung soll in der „London Gazette" bekannt gemacht werden und in Geltung bleiben, bis sie widerrufen wird. Solange die Verfügung in Kraft steht, soll ein Fahrzeug, das relative Konterbande nach einem Hafen in jenem Lande bringt, von der Beschlagnahme nicht verschont bleiben.

Während nach der Londoner Deklaration relative Konterbande der Beschlagnahme nur unterliegt, wenn sie in einem feindlichen Hafen ausgeladen werden soll, will England auch Waren, die nach neutralen Häfen gehen, unter gewissen Voraussetzungen als relative Konterbande der Beschlagnahme unterwerfen. Die Überwachungs- und Durchsuchungsmaßnahmen auf See genügen ihm nicht. Bezieht eine feindliche Regierung für ihre Streitkräfte irgendwelche Lieferungen *) von einem neutralen Lande oder durch ein neutrales Land, so wird dieses Land gestraft: ihm gegenüber will England an den — die Lehre von der einheitlichen

*) In Artikel 1 Ziffer VI des französischen Dekrets vom 6. November 1914 heißt es entsprechend: „des approvisionnements pour ses forces armées".

Reise für relative Konterbande beseitigenden — Artikel 35 der Londoner Deklaration in keiner Weise gebunden sein. Was also von Rücksichtnahme auf Neutrale durch die „Modifikation" der Artikel 33 und 34 noch geübt werden soll, wird dem ungehorsamen neutralen Staat gegenüber fallen gelassen. Jede Zufuhr von Lieferungen an die feindlichen Streitkräfte bringt einen neutralen Staat in Gefahr, auf die schwarze Liste zu kommen. Diese Drohung bedeutet im letzten Grunde nichts anderes als das anmaßende Verbot Englands an die Neutralen, Armeelieferungen, ja Lieferungen überhaupt, nach dem Deutschen Reiche, Österreich-Ungarn und die Türkei zu übernehmen.*)

In dem (von England nicht ratifizierten) **) Haager Abkommen, betreffend die Rechte und Pflichten der Neutralen im Falle eines Seekriegs, vom 18. Oktober 1907, heißt es in Artikel 7: „Eine neutrale Macht ist nicht verpflichtet, die für Rechnung des einen oder des anderen Kriegführenden erfolgende Ausfuhr oder Durchfuhr von Waffen, Munition sowie überhaupt von allem, was einem Heere oder einer Flotte von Nutzen sein kann, zu verhindern". Ebenso Artikel 7 des (von England nicht ratifizierten) ***) Haager Abkommens, betreffend die Rechte und Pflichten der neutralen Mächte und Personen im Falle eines Landkrieges.

Englands schwarze Liste, die Drohung mit der „London Gazette", will — natürlich nur zum Vorteil Englands und seiner Verbündeten — die Neutralen zwingen, die in den Haager Abkommen ausdrücklich abgelehnte Verpflichtung für diesen Krieg in einer England einseitig begünstigenden Weise einzugehen. Eine dreiste Zumutung! Werden sich die Neutralen ihr beugen, werden sich n e u t r a l e Mächte ihr beugen d ü r f e n? —

*) Der Nieuwe Rotterdamsche Courant, Morgenblatt vom 9. November 1914, bemerkt dazu u. a.: Es brauche nur eine Sendung Zigarren (eene bezending sigaren — geene contrabande) aus den Niederlanden an das deutsche Heer zu gehen, und das ganze Land und seine Kolonien seien, was den Seehandel angehe, mit Feindesland auf eine Stufe gestellt.

**) Vgl. Pohl, Deutsches Seekriegsrecht. Quellensammlung mit Sachregister. Berlin 1915. Seite 134.

***) Vgl. Pohl, Deutsches Landkriegsrecht. Quellensammlung mit Sachregister. Berlin 1915. Seite 81.

Ebensowenig wie vor den Listen der absoluten und der relativen Konterbande haben Englands „Modifikationen" vor der sogenannten „Freiliste" der Londoner Deklaration Halt gemacht. Um die Nachteile des Krieges für den Handel zu verringern, bestimmt die Deklaration in Artikel 27 allgemein, daß Gegenstände und Stoffe, die für kriegerische Zwecke nicht verwendbar sind, nicht als Konterbande erklärt werden können. Im Anschluß daran zählt sie in Artikel 28 eine Reihe einzeln genau bezeichneter Gegenstände auf, die nicht auf eine Konterbandeliste gesetzt werden dürfen. Auf dieser 17 Ziffern umfassenden Freiliste, die im wesentlichen auf Artikel 5 des „englischen Entwurfs" beruht *), steht u. a. auch Gummi. Die Londoner Konferenz hat ferner Erze, also die Erzeugnisse des Bergbaues, welche zur Gewinnung von Metallen dienen, auf die Freiliste gesetzt. Zu Anfang des Krieges hielt England es für ratsam, die Londoner Liste der niemals als Konterbande zu behandelnden Gegenstände unverändert zu lassen, um in den neutralen Staaten keine Mißstimmung hervorzurufen. Aber bereits am 21. September 1914 wurde die Freiliste angetastet, indem England es für nötig befand, auch Eisenerze, Kupfer, Blei, Chromeisen, Glyzerin, Gummi, Häute und Felle als relative — also in Wahrheit als absolute — Konterbande zu erklären, fast lauter Dinge, die nach dem Willen der Londoner Konferenz schlechterdings nicht als Konterbande erklärt werden dürfen.**) Die Ausfuhr dieser Gegenstände ist für mehrere neutrale Staaten geradezu eine Lebensfrage. Die englische Rücksichtslosigkeit gegenüber neutralen Lebensinteressen hat nicht verfehlt, manchem Freunde Englands die Augen zu öffnen über die „selbstlose" Wahrnehmung der neutralen Rechte und Interessen durch den Staat, der noch jeden Krieg benutzt hat, nicht nur den Feind, sondern auch die Neutralen zu schädigen. Die Erbitterung in neutralen Kreisen hat denn auch, wie nicht anders zu erwarten, zu lebhaften Protesten gegen das Verfahren geführt, das Eng-

*) Schramm, Das Prisenrecht in seiner neuesten Gestalt. Berlin 1913. Seite 469.

**) Vgl. Triepel, Die Westmächte und die Neutralen, im „Tag" (Illustrierter Teil) Nr. 260 vom 5. November 1914.

land in der Konterbandefrage anzuwenden beliebt. Gleichwohl hat sich die britische Regierung auch am 29. Oktober 1914 nicht dazu verstanden, die Freiliste der Londoner Deklaration wieder ungeschmälert in Kraft zu setzen.

Die Ausdehnung, die England dem Konterbandebegriff gegeben hat, dürfte in der Geschichte des Seekriegsrechts kaum ihresgleichen finden;*) selbst in den Seekriegen, die England im 18. Jahrhundert geführt hat, war seine Brutalität gegenüber den neutralen Interessen nicht größer. Stets erblickte der englische Krämer in jedem nichtenglischen Handel einen Feind, der bei erster bester Gelegenheit zu vernichten oder wenigstens in die gebührenden Schranken der Bedeutungslosigkeit zurückzuweisen war. Das England des 20. Jahrhunderts ist in dieser Beziehung nicht anders gesinnt als das England des 18. Jahrhunderts.

Aber die Zahl der „Abänderungen", die England an dem Konterbanderecht, so wie es in der Londoner Deklaration niedergelegt ist, vorzunehmen für gut fand, ist noch nicht erschöpft.

Die Deklaration sagt in Artikel 38: „Auf Grund einer früher ausgeführten, aber bereits vollendeten Beförderung von Konterbande kann eine Beschlagnahme nicht bewirkt werden". Dazu findet sich im Generalbericht des Redaktionsausschusses der Konferenz die kurze Erläuterung: „Ein Schiff unterliegt der Beschlagnahme, wenn es Konterbande befördert, aber nicht, weil es früher solche befördert hat." Und Schramm gibt in seinem Werk „Das Prisenrecht in seiner neuesten Gestalt" (Berlin 1913) S. 490 folgenden Kommentar: „Artikel 38 bestimmt, in Anlehnung an Leitsatz 10 und Artikel 16 des „englischen Entwurfs", daß ein Schiff wegen bereits vollendeter Beförderung von Konterbande der Beschlagnahme nicht mehr unterworfen werden darf. Einwendungen gegen die Anerkennung dieses Satzes wurden auf der Konferenz nicht erhoben; in der zweiten Plenarsitzung vom 7. Dezember 1908 wurde vielmehr ausdrücklich festgestellt, daß diese Regelung den Grundsätzen des geltenden Rechtes entspreche. Durch

*) Triepel a. a. O.

Artikel 38 ist sowohl für die absolute wie für die relative Konterbande die Lehre von der einheitlichen Reise in ihrer in früherer Zeit vertretenen extremsten Auffassung beseitigt worden, wonach die Beschlagnahme des Schiffes auch während der Rückfahrt, entweder allgemein oder — nach der älteren englischen Praxis — wenigstens dann für zulässig erachtet wurde, wenn die Beförderung der Konterbande unter Benutzung unrichtiger Papiere ausgeführt worden war."

Zu dieser älteren englischen Praxis, zu der auf der Londoner Konferenz stillschweigend begrabenen glorreichen practice of the British Navy, kehrte England am 20. August 1914 zurück; es zog aus der Rumpelkammer seiner älteren Prisenpraxis den Satz hervor:*) „Ein neutrales Schiff, dem es gelungen ist, Konterbande für den Feind mit Hilfe von falschen Papieren zu transportieren, kann wegen des Transports dieser Konterbande aufgebracht werden, wenn es vor Beendigung seiner Rückreise angetroffen wird." Diese Rückkehr zur einheitlichen Reise wurde nur mit dem Hinweis auf die alte englische Praxis begründet, von der den Neutralen im 18. Jahrhundert mancherlei Schikanen beschert wurden. Sie erlaubte die lästigsten und schädigendsten Maßnahmen gegen gänzlich unschuldige neutrale Schiffe. Ist doch nichts leichter, als die Behauptung aufzustellen: „Du bist vor vier Wochen mit falschen Papieren gefahren." Wie soll der Neutrale sich dagegen wehren? Zum mindesten erleidet seine Fahrt unliebsame Verzögerungen und erwächst ihm dadurch unter Umständen ein bedeutender materieller Schade. Aber was kümmert das die Briten und ihre Genossen, die sich willenlos ins Schlepptau der englischen Seekriegsrechtspolitik nehmen lassen und ihre eigene Vergangenheit verleugnen? Wer die Geschichte der Praxis des englischen Seekriegsrechts des 18. Jahrhunderts kennt, der weiß, daß England mit Eifer die Gelegenheit wahrnahm, nicht nur den Handel seiner Feinde, sondern auch den friedlichen Handel der Neutralen durch alle möglichen Mittel und alle denkbaren Schikanen zu schädigen. Schon an anderer Stelle wurde

*) Triepel a. a. O.

auf diese Praxis hingewiesen: Der Seekrieg bot den Briten immer eine willkommene Gelegenheit, auch lästige neutrale Handels- und Schiffahrtskonkurrenz empfindlich zu treffen und sich an ihre Stelle zu setzen.*) So solls auch im 20. Jahrhundert getrieben werden**); am 20. August 1914 gibt man den Willen kund, neutrale Schiffe nicht bloß auf Grund einer offenkundigen Tatsache, nämlich des Vorhandenseins von Kriegskonterbande, sondern auch auf Grund einer oft gar nicht beweisbaren, aber sehr billigen Behauptung über ihr früheres Verhalten aufzubringen. Die Stellungnahme Englands auf der Londoner Konferenz war zwar ganz anders, aber weniger ehrlich; man kann es kaum glauben, daß Englands Verzicht auf die Wiederbelebung der genannten pratice of British Navy in London aufrichtig gemeint war. 1909 zeigte man sich dem Fortschritt im Seekriegsrecht geneigt; mit der Ratifikation der Londoner Erklärung hatte es ja noch gute Weile und zwar vermutlich bis zu dem Zeitpunkt, wo andere Staaten außer England in einen Krieg verwickelt worden wären. Dann hätte England auch ohne erfolgte Ratifikation sich auf den Standpunkt der Londoner Deklaration gestellt, der seinen Interessen entsprach. 1914 aber, wo England kriegführende Macht ist, läßt es alsbald jede von der Londoner Konferenz gewollte Rücksichtnahme auf die Interessen der Neutralen fallen, für die es nur schöne Worte hat. Die kosten ja nichts, während die Aussicht, die neutrale Schiffahrt unter nichtigem Vorwand schikanieren zu können, den Engländern reichen Gewinn auf Kosten neutraler Konkurrenten verheißt.

Der am 20. August 1914 aufgestellte Satz („Ein neutrales Schiff, dem es gelungen ist, Konterbande für den Feind mit Hilfe von falschen Papieren zu transportieren,

*) Das hat vor mehr als hundert Jahren besonders scharf der hamburgische Publizist Johann Georg Büsch hervorgehoben; vgl. darüber Richard Ehrenberg im „Tag" (Illustrierter Teil) Nr. 256 vom 31. Oktober 1914.

**) Graf E. Reventlow in Nr. 509 der Deutschen Tageszeitung vom 7. Oktober 1914: „Die neutralen Staaten müssen glücklich und zufrieden sein, wenn ihnen die Ehre zuteil wird, sich für die „Lebensinteressen" und Berufsinteressen des größten Einbrechers aller Zeiten zu opfern."

kann wegen des Transports dieser Konterbande aufgebracht werden, wenn es vor Beendigung seiner Rückreise angetroffen wird") ist wie die ganze Order vom 20. August am 29. Oktober 1914 wieder aufgehoben worden. Glaubt man aber, er wäre beseitigt, so irrt man gründlich. England tat vielmehr in der neuen Order noch einen erheblichen Schritt vorwärts auf der Bahn der Rücksichtslosigkeit gegen die Neutralen; es dekretierte nunmehr: „Fährt ein neutrales Schiff mit Papieren, die einen neutralen Bestimmungsort angeben, ungeachtet des in den Papieren angegebenen Bestimmungsortes nach einem feindlichen Hafen, so kann es mit Beschlag belegt und eingezogen werden, wenn es vor dem Ende seiner nächsten Fahrt angetroffen wird." *) England dispensiert sich nunmehr von der Beweispflicht dafür, daß das neutrale Schiff Konterbande geführt hat; das Konterbandieren wird, wenn die Schiffspapiere nicht den richtigen Bestimmungsort angeben, ohne weiteres als bewiesen angenommen. Ja, es ist den Engländern ganz gleichgültig, ob das neutrale Schiff ganz offensichtlich niemals Konterbande geführt hat — die bloße Tatsache, daß die Schiffspapiere nicht den wahren Bestimmungsort angeben, genügt bis zur Beendigung der nächsten Reise zur Beschlagnahme und Einziehung. Auch diese neue Erfindung des englischen Seekriegsrechts, die über den Rahmen des Konterbanderechts hinausgreift und als Anmaßung einer Seepolizei umfassendster Art zu brandmarken ist, kann zur Maskierung einer papiernen Blockade benutzt werden.

V.

England und Frankreich lassen durch ihre Seestreitkräfte deutsche Wehrpflichtige, die noch nicht in die deutsche Streitmacht eingereiht, sondern einzeln und auf eigene Kosten erst unterwegs sind, um in deren Reihen einzutreten,

*) Ebenso Artikel 1 Ziffer III des französischen Dekrets vom 6. November 1914: „Le navire neutre, dont les papiers de bord indiquent une destination neutre, et qui, malgré la destination ré-

von neutralen Kauffahrteischiffen herunterholen und zu Kriegsgefangenen machen.*) Das ist ein offenbarer Rechtsbruch. Beide Staaten haben formell die Erklärung abgegeben, daß sie sich an die von ihnen „modifizierte" Londoner Deklaration halten wollen. Zu den „modifizierten" Artikeln gehören die Artikel 45 und 47 nicht; sie sind also von England wie von Frankreich als für sie verbindliches Recht anerkannt. Nach Artikel 45 wird ein neutrales Schiff eingezogen und unterliegt überhaupt der Behandlung, die ein neutrales, der Einziehung wegen Kriegskonterbande unterworfenes Schiff erfahren würde, falls es die Reise eigens zu dem Zwecke der Beförderung einzelner in die feindliche Streitmacht eingereihter Personen oder zur Nachrichtenbeförderung im Interesse des Feindes ausführt. In solchem Falle beschlagnahmt der Kreuzer das neutrale Schiff und bringt die Soldaten oder Matrosen des feindlichen Staates in die Kriegsgefangenschaft. Nach Artikel 47 kann jede in die feindliche Streitmacht eingereihte Person, die an Bord eines neutralen Kauffahrteischiffes betroffen wird, zum Kriegsgefangenen gemacht werden, auch wenn dieses Schiff der Beschlagnahme nicht unterliegt. Die Londoner Deklaration spricht in den beiden Artikeln 45 und 47 von Personen, die in die Land- oder Seestreitmacht des Feindes „eingereiht" sind. Dazu bemerkt der Generalbericht des Redaktionsausschusses der Londoner Konferenz, der nach der Order in Council vom 20. August 1914 von allen britischen Prisengerichten „als eine bindende Erklärung der Bedeutung und der Absicht der erwähnten Deklaration angesehen werden soll": „Über die Bedeutung des „Eingereihtseins" bestanden gewisse Zweifel. Umfaßt der Begriff nur solche Personen, die nach dem Gesetz ihres Landes zum Dienst einberufen und tatsächlich zu dem Truppenteil, dem

sultant de ses papiers, se rend dans un port ennemi, reste passible de capture et de confiscation s'il est rencontré avant d'avoir achevé son voyage suivant."

*) Listen von deutschen Passagieren, die von neutralen Schiffen weg in englische Kriegsgefangenschaft gebracht wurden, brachte die Norddeutsche Allgemeine Zeitung 1914 in ihren Nummern 215, 216, 223, 227, 236, 239, 251, 252, 259, 275, 276, 281.

sie angehören sollen, gestoßen sind, oder umfaßt er diese Personen schon, sobald sie einberufen und bevor sie zu ihrem Truppenteil gestoßen sind? Die Frage ist von großer praktischer Bedeutung. Man denke an Personen, die aus einem Lande des europäischen Festlandes stammen und in Amerika ansässig sind; diese Personen haben ihrem Heimatlande gegenüber militärische Verpflichtungen, gehören zum Beispiel zur Reserve des aktiven Heeres dieses Landes. Da ihr Vaterland in einen Krieg verwickelt ist, schiffen sie sich zwecks Erfüllung ihrer Dienstpflicht ein. Sollen sie im Sinne der in Rede stehenden Bestimmung als eingereiht angesehen werden? Wollte man sich nach der inneren Gesetzgebung gewisser Länder richten, so könnte man für die Bejahung der Frage eintreten. Aber abgesehen von rein juristischen Gründen, schien die entgegengesetzte Meinung den praktischen Bedürfnissen besser zu entsprechen und wurde im Geiste der Verständigung allseitig angenommen.*) Ohne lästige Maßnahmen, die von den neutralen Regierungen nicht ruhig hingenommen werden würden, wäre es schwierig oder sogar unmöglich, unter den auf einem Schiff befindlichen Reisenden diejenigen herauszufinden, die zum militärischen Dienste verpflichtet sind und die Fahrt machen, um dieser Verpflichtung zu genügen."
Danach kann nicht der mindeste Zweifel darüber sein: England und Frankreich sind wortbrüchig geworden, sie haben die von ihnen anerkannte Rechtsnorm verletzt, indem sie von neutralen Kauffahrteischiffen, die keineswegs zum Zwecke der Beförderung deutscher Reservisten ihre Fahrt machten, diese Deutschen herunterholten und zu Kriegsgefangenen machten. Sie haben sich nicht nur uns, sondern auch den Niederlanden, Norwegen, Italien und Spanien gegenüber einer Rechtsverletzung schuldig gemacht.**) Das Verfahren der Engländer gegenüber den niederländischen Dampfern „Tubantia" und „Zeelandia" sowie dem italie-

*) Im Original nicht gesperrt.

**) Vgl. auch die Ausführungen von Triepel im „Tag" (Illustrierter Teil) Nr. 260 vom 5. November 1914 und von Niemeyer in Nr. 269 vom 15. November 1914.

nischen Dampfer „Ancona" *) und vielen anderen neutralen Schiffen gegenüber ist ein nicht tilgbarer Schmutzfleck auf dem unsauberen englischen Völkerrechtsschilde.**) Doch halt! Diese Fälle der Gefangennahme deutscher Reservisten und Landwehrleute gelangen ja nicht zur Entscheidung durch englische Prisengerichte, und nur diese, nicht aber die englischen Seestreitkräfte, sind durch die Order in Council vom 20. August 1914 an den Generalbericht des Redaktionsausschusses gebunden worden. Und für die Zeit nach dem 29. Oktober wird man englischerseits geltend machen, daß an diesem Tage die ganze Order vom 20. August außer Kraft gesetzt sei, mithin auch die Maßgeblichkeit der unbequemen Auffassung des Generalberichts aufgehört habe. So glauben die verantwortlichen Herren in London vielleicht ihre Hände in Unschuld waschen zu können. Man muß sich solcher Beweisführung bei ihnen versehen, die sie allerdings in den Augen jedes rechtlich denkenden Menschen richtet.

---

*) Triepel, „Englisches Völkerrecht" (in Nr. 1028 der Kölnischen Zeitung vom 15. September 1914). Graf E. Reventlow, „England vergewaltigt die neutrale Schiffahrt" (in der Deutschen Tageszeitung Nr. 413 vom 17. August 1914). Siehe den Protest, welchen 22 reichsdeutsche Passagiere der „Ancona" am 23. August 1914 gegen ihre völkerrechtswidrige Gefangennahme erhoben haben, in der Norddeutschen Allgemeinen Zeitung Nr. 209 vom 2. September 1914.

**) Kölnische Zeitung Nr. 1191 vom 30. Oktober 1914: „Seit England die Maske hat fallen lassen, seit es durch seine Taten bewiesen hat, daß es die Völker des Festlandes aus schierer Eigensucht in diesen furhctbaren Krieg hineingehetzt und daß Menschlichkeit und Völkerrecht ihm nur Kulissen sind, hinter denen es seine wahren Beweggründe, seine über Leichen gehende Geldgier und Machtsucht verstecken möchte, seit es offen am Tage liegt, daß Deutsche und Franzosen und schließlich auch Russen einander zerfleischen müssen, damit England ungestört rauben und stehlen kann, seitdem lodert in Deutschland die Empörung über solche Missetat hell auf. Diese Empfindung hat sich zur Erbitterung und zu einem Schrei nach Rache gesteigert, seit in den Zeitungen sich die Nachrichten darüber mehren, daß die deutschen Kriegsgefangenen, die vielen Wehrpflichtigen, die britische Kriegsschiffe völkerrechtswidrig von neutralen Schiffen weggeschleppt haben, und zahllose in England ansässige Deutsche vom Knaben- bis zum Greisenalter in die vom Burenkriege her berüchtigten Kitchenerschen Konzentrationslager eingesperrt seien und dort eine Behandlung erführen, die jeder Zivilisation und den natürlichen Geboten der Menschlichkeit Hohn spreche . . ."

Daß Treu und Glauben in Englands Krämerkrieg keine gangbaren Münzen sind, zeigte auch dem verblendetsten Englandfreund das weitere Verhalten Englands in dieser Reservistenfrage. Nachdem England fast drei Monate hindurch Tausende von Deutschen, Österreichern und Ungarn von neutralen Schiffen rechtswidrig heruntergeholt und in Kriegsgefangenschaft gebracht hatte, hieß es plötzlich in der zweiten Hälfte des Monats Oktober, England habe Befehl gegeben, seine Seeoffiziere sollten beim Durchsuchen der neutralen Schiffe feindliche Wehrpflichtige bis zu einer Anzahl von 50 Köpfen für das Schiff unbehelligt durchlassen.*) Diese Meldung, die in Deutschland auf Zweifel stieß, bestätigte sich. Sie erregte in der englischen Presse den größten Unwillen. Die „Morning Post" erklärte es für unverständlich, daß die englische Regierung sich dazu hergäbe, auf diese Weise dem Gegner Vorschub zu leisten; „die rechtliche Seite der Frage interessiere das Publikum nicht im geringsten"! Dagegen wandte sich, wie der „Kölnischen Zeitung" Nr. 1182 vom 28. Oktober 1914 zu entnehmen ist, am 22. Oktober die dem Kabinett nahestehende „Westminster Gazette". Die Leute, die jetzt die Regierung so heftig angriffen, so führte das Blatt aus, vergäßen, daß ihre Wünsche in die Interessen sehr bedeutender neutraler Mächte eingriffen und daß England früher (!!) selbst stets die Freiheiten und Rechte der Neutralen, die man jetzt mißachten wolle, vertreten habe. Die „Morning Post" möge bedenken, daß England alle Ursache habe, vor einem Streit mit mächtigen und befreundeten Neutralen zurückzuschrecken. „Wenn die britische Regierung," so sagte die „Westminster Gazette", „gezwungen ist, gewisse Schranken, die das Gesetz und die Höflichkeit ziehen, zu beobachten, so geschieht dies nicht aus Rücksicht auf den Feind, sondern lediglich, um den englischen Namen fleckenrein zu halten und die eigenen Beziehungen zu den neutralen Mächten nicht zu stören." **) — Es sollte sich

*) Kölnische Zeitung Nr. 1182 vom 28. Oktober 1914.

**) Vgl. auch die kurze Meldung in der Norddeutschen Allgemeinen Zeitung Nr. 262 vom 25. Oktober 1914 über die Ausführungen der „Westminster-Gazette".

schon bald zeigen, wie wenig Wert man darauf legt, „den englischen Namen fleckenrein zu halten"! Die britische Regierung zog ihre Erklärung, nicht zur Festnahme von deutschen und österreichisch-ungarischen Reservisten schreiten zu wollen, die bis zur Höchstzahl von 50 auf einem neutralen Schiffe reisten, bereits am 26. Oktober zurück, und zwar nachdem inzwischen zahlreiche deutsche Reservisten auf englische offizielle Erklärungen und offizielle Zusicherungen neutraler Konsuln vertrauend, die Heimreise von Amerika nach Europa angetreten hatten.*) Die „Times" schrieben: Den ersten Befehl zugunsten der feindlichen Reservisten habe die Regierung erteilt anscheinend in dem Bestreben, neutrale Schiffe so wenig als möglich zu behelligen. Die Admiralität sei dabei nicht beteiligt gewesen. Die Sache wurde so dargestellt, als ob nun die Admiralität und wohl auch das Kriegsministerium den Sieg über die anderen bei dieser Frage beteiligten Faktoren davongetragen habe.**)

Sei dem, wie ihm wolle — das Spiel, das die britische Regierung hier getrieben hat, ist, wie die „Kölnische Zeitung" in ihrer Nummer 1267 vom 21. November 1914 schreibt, nichts anderes als ein englischer Schurkenstreich. Wenn England seine Zusicherung, die es

*) Diese Zurücknahme zu rechtfertigen, veröffentlichte ein gewisser William Latey in der Westminster Gazette vom 16. November 1911 einen Artikel „Enemy persons on neutral ships." Er greift die deutsche „land policy of making prisoners of war all enemy persons liable to military service" an und faßt die Wegnahme feindlicher Reservisten von neutralen Schiffen als eine Vergeltungsmaßnahme auf. Also: weil Deutschland in Feindesland Gefangene macht, wird England wortbrüchig gegenüber Neutralen! Wer hat übrigens den Anfang gemacht mit der Festnahme von Zivilpersonen? Etwa das Deutsche Reich? — Interessant ist die Mitteilung aus der Urteilsbegründung Lord Stowell's im Fall der Friendship: „It is asked, Will you lay down a principle that may be carried to the length of preventing a military officer, in the service of the enemy, from finding his way home in a neutral vessel from America to Europa? If he was going merely as an ordinary passenger and at his own expense the question would present itself in a very different form. No British tribunal has ever laid down the principle to that extent." Lord Stowell gegen das England von 1914!

**) Kölnische Zeitung Nr. 1182 vom 28. Oktober 1914.

zugunsten der freien Rückkehr der Reservisten gegeben hatte, zurücknehmen wollte, so durften durch eine solche Zurücknahme auf keinen Fall solche Reservisten getroffen werden, die auf offizielle Erklärung englischer und neutraler Diplomaten und Konsuln vertrauend, die Reise angetreten hatten. Gegen Treu und Glauben hat die britische Regierung auch diese Reservisten gefangen gesetzt. Angesichts dieser Handlungsweise, die eine Vergewaltigung und Verhöhnung der Neutralen sondergleichen ist, muß sich jedem die Überzeugung aufdrängen, daß die Abgabe der Zusicherung von vornherein mala fide geschehen ist, um durch diese Vorspiegelung deutsche Wehrpflichtige, deren Strom nach den gemachten Erfahrungen abgeebbt hatte, ins Garn zu locken.

Man darf wohl erwarten, daß die durch den englischen Schurkenstreich verletzten neutralen Regierungen die sofortige Freilassung der hinterlistig unter falschen Vorspiegelungen gefangen gesetzten Deutschen von der englischen Regierung verlangen.*) **)

---

*) Kölnische Zeitung Nr. 1262 vom 19. November 1914: „WTB. Rom, 18. Nov. (Telegr.) Die Tribuna meldet aus Neapel: „Gestern abend traf hier, von Buenos Aires kommend, der italienische Dampfer Ravenna mit 631 Auswanderern an Bord ein. Der Dampfer war von den Engländern vor Gibraltar angehalten und in den Hafen geschleppt worden. Da sich an Bord 50 deutsche Reservisten befanden, die sich zu jener Zeit eingeschifft hatten, als ein Dekret von London ihnen die Passage gestattete, verlangten die Ortsbehörden ihre Ausschiffung als Kriegsgefangene. Diesem Ansuchen widersetzte sich der an Bord befindliche italienische Regio Commissario, der dem Gouverneur von Gibraltar auseinandersetzte, daß die deutschen Soldaten nicht als Kriegsgefangene betrachtet werden könnten, weil sie zur Zeit der Wirksamkeit des englischen Dekrets nach Europa abgereist seien. Die guten Gründe des Regio Commissario wurden anerkannt, und so konnte die Ravenna ihre Fahrt nach Neapel fortsetzen." — Welche „guten Gründe" mögen da wohl vorgelegen haben?

**) Über einen neuen unerhörten Völkerrechtsbruch berichtet die Norddeutsche Allgemeine Zeitung Nr. 302 vom 5. Dezember 1914: „Die Weserzeitung schreibt: Bisher haben sich die Engländer und Franzosen darauf beschränkt, deutsche Männer im Alter von 15 bis 55 Jahren von solchen neutralen Schiffen herunter zu holen, die von fremden Weltteilen nach Europa kamen, von denen sie also behaupten konnten, sie beabsichtigten nach Deutschland zu reisen, um dort Kriegsdienste zu tun. An Ausreisenden haben

VI.

Die Stellungnahme Englands und seiner Verbündeten zur Londoner Deklaration hat das Werk der allgemeinen vertragsmäßigen Fortbildung des Seekriegsrechtes, welches viele schon dem Abschluß nahe wähnten, zertrümmert. Seemacht geht vor Seekriegsrecht. Die Optimisten, welche die Schaffung eines internationalen Seekriegsgesetzbuches für die nächste Zukunft voraussagen zu können glaubten, werden ihre Hoffnungen für lange Zeit, vielleicht für immer begraben müssen. „Wird man jemals wieder glauben dürfen, wenn England verspricht, Völkerrecht zu halten?" So fragte jüngst mit Recht Theodor Niemeyer. Die Kartenhäuser sind zusammengestürzt. England hat wieder sein wahres Gesicht gezeigt. Ein Prisenrecht, das auf die Interessen der Neutralen billige Rücksicht nimmt, wird erst möglich sein, wenn Englands Vormachtstellung zur See gebrochen ist.*) Wenn England mit viel schönen Worten sich als Anwalt der Meeresfreiheit gebärdet, wenn dasselbe England, welches durch Lahm-

---

sie sich bis vor kurzem nicht vergriffen. Das ist mit einem Mal in der Stille anders geworden. Jetzt halten sie auch Dampfer an, die aus Europa abreisen. Am 4. November fuhr der holländische Dampfer „Tubantia" von Amsterdam nach Buenos Aires ab. Am Ausgange des Kanals hielt ein französisches Kriegsschiff ihn an, nahm ihm etwa 40 Deutsche in dem angegebenen Alter ab und brachte diese als Kriegsgefangene nach Brest, wo sie am 8. November ankamen."

*) Triepel in der Wochenschrift „Das neue Deutschland" vom 30. September 1914 Seite 600: „Wem es gelingt, Englands Macht zu brechen, der wird auch für das Seekriegsrecht eine Gasse gebrochen haben." — Laband in der Deutschen-Juristen-Zeitung vom 1. Dezember 1914: „Englands Brutalität gegen schwächere Staaten und seine gewissenlose Wortbrüchigkeit werden so lange bestehen, als seine Übermacht zur See oder der Glaube an dieselbe bestehen. Wenn der gegenwärtige Krieg, wie zu hoffen ist, beiden ein Ende bereiten sollte, so würde er die Welt von einer Despotie befreien, die je länger sie dauert, desto unerträglicher wird, und England wird sich daran gewöhnen müssen, daß Wortbrüchigkeit und ein ehrloses Verhalten im völkerrechtlichen Verkehr auch ihm nicht mehr gestattet sind."

legung eines großen Teils des neutralen legitimen Handels unsere Volkswirtschaft zu treffen versucht, sich der Welt als Verteidiger und Schützer neutraler Interessen vorzustellen wagt, so ist das nichts anderes als ebenso naive wie dreiste Heuchelei. Ein kriegführendes England nimmt keinerlei Rücksicht auf neutrale Interessen, und in Friedenszeiten will es sich ernstlich keinerlei Fesseln anlegen für den Fall des eigenen Krieges. Ein neutrales England wahrt seine Interessen am Seekriegsrecht durch seine Seemacht, mit der es zu drohen weiß. Man braucht nur an die drohende Sprache zu erinnern, die es vor einem Jahrzehnt gegen Rußland geführt hat.

Das Deutsche Reich dagegen hat sich in allen wesentlichen Punkten an die Londoner Deklaration gehalten und damit auch den Interessen der Neutralen gegeben, was ihnen gebührt. Seine Prisenordnung vom 30. September 1909 *) beweist es.

---

*) Reichs-Gesetzblatt 1914 S. 275 Nr. 50 vom 3. August; siehe S. 441 Nr. 88 vom 18. Oktober, S. 475 Nr. 99 vom 17. November, S. 481 Nr. 101 vom 23. November 1914. — E. Heymann, Das Prisenrecht des Deutschen Reiches in der Deutschen Juristen-Zeitung vom 1. September 1914 Seite 1047—1055.

Anhang.

Deutsche und englische amtliche Urkunden.

Anlage I.

Declaration concerning the Laws of Naval War.

HIS Majesty the German Emperor, King of Prussia; the President of the United States of America; His Majesty the Emperor of Austria, King of Bohemia, &c., and Apostolic King of Hungary; His Majesty the King of Spain; the President of the French Republic; His Majesty the King of the United Kingdom of Great Britain and Ireland and of the British Dominions beyond the Seas, Emperor of India; His Majesty the King of Italy; His Majesty the Emperor of Japan; Her Majesty the Queen of the Netherlands; His Majesty the Emperor of All the Russias;

Having regard to the terms in which the British Government invited various Powers to meet in conference in order to arrive at an agreement as to what are the generally recognized rules of international law within the meaning of Article 7 of the Convention of 18th October, 1907, relative to the establishment of an International Prize Court;

Recognizing all the advantages which an agreement as to the said rules would, in the unfortunate event of a naval war, present, both as regards peaceful commerce, and as regards the belligerents and their diplomatic relations with neutral Governments;

Having regard to the divergence often found in the methods by which it is sought to apply in practice the general principles of international law;

Animated by the desire to insure henceforward a greater measure of uniformity in this respect;

Anlage I.

Erklärung über das Seekriegsrecht.

Seine Majestät der Deutsche Kaiser, König von Preußen, der Präsident der Vereinigten Staaten von Amerika, Seine Majestät der Kaiser von Österreich, König von Böhmen usw. und Apostolischer König von Ungarn, Seine Majestät der König von Spanien, der Präsident der Französischen Republik, Seine Majestät der König des Vereinigten Königreichs von Großbritannien und Irland und der Britischen überseeischen Lande, Kaiser von Indien, Seine Majestät der König von Italien, Seine Majestät der Kaiser von Japan, Ihre Majestät die Königin der Niederlande, Seine Majestät der Kaiser aller Reußen,

in Anbetracht der Einladung, womit die Britische Regierung mehreren Mächten vorgeschlagen hat, zu einer Konferenz zusammenzutreten, um gemeinschaftlich festzustellen, welchen Inhalt die allgemein anerkannten Regeln des internationalen Rechtes im Sinne des Artikels 7 des Abkommens vom 18. Oktober 1907 über die Errichtung eines Internationalen Prisenhofs haben,

in Anerkennung aller der Vorteile, welche die Feststellung der bezeichneten Regeln in dem unglücklichen Falle eines Seekriegs sowohl für den friedlichen Handel wie für die Kriegführenden und deren politische Beziehungen zu den neutralen Regierungen bietet,

in Erwägung, daß die allgemeinen Grundsätze des internationalen Rechtes bei ihrer praktischen Anwendung häufig auf verschiedene Weise gehandhabt werden,

von dem Wunsche beseelt, hinfort eine größere Einheitlichkeit in dieser Hinsicht sicherzustellen,

Hoping that a work so important to the common welfare will meet with general approval;

Have appointed as their Plenipotentiaries, that is to say:

His Majesty the German Emperor, King of Prussia:

M. Kriege, Privy Councillor of Legation and Legal Adviser to the Department for Foreign Affairs, Member of the Permanent Court of Arbitration.

The President of the United States of America:

Rear-Admiral Charles H. Stockton, retired;

Mr. George Grafton Wilson, Professor at Brown University and Lecturer on International Law at the Naval War College and at Harvard University.

His Majesty the Emperor of Austria, King of Bohemia, &c., and Apostolic King of Hungary:

His Excellency M. Constantin Théodore Dumba, Privy Councillor of His Imperial and Royal Apostolic Majesty, Envoy Extraordinary and Minister Plenipotentiary.

His Majesty the King of Spain:

M. Gabriel Maura y Gamazo, Count de la Mortera, Member of Parliament.

The President of the French Republic:

M. Louis Renault, Professor of the Faculty of Law at Paris, Honorary Minister Plenipotentiary, Legal Adviser to the Ministry of Foreign Affairs, Member of the Institute of France, Member of the Permanent Court of Arbitration.

His Majesty the King of the United Kingdom of Great Britain and Ireland, and of the British Dominions beyond the Seas, Emperor of India:

The Earl of Desart, K. C. B., King's Proctor.

His Majesty the King of Italy:

M. Guido Fusinato, Councillor of State, Member of Parliament, ex-Minister of Public Instruction, Member of the Permanent Court of Arbitration.

in der Hoffnung, daß ein Werk von so erheblichem gemeinschaftlichen Interesse die allgemeine Zustimmung finden wird,

haben zu Ihren Bevollmächtigten ernannt:

Seine Majestät der Deutsche Kaiser, König von Preußen:
Herrn Kriege, Wirklichen Geheimen Legationsrat und Justitiar im Auswärtigen Amte, Mitglied des Ständigen Schiedshofs;

der Präsident der Vereinigten Staaten von Amerika:
Herrn Kontreadmiral a. D. Charles H. Stockton,
Herrn George Grafton Wilson, Professor an der Brown-Universität, Lehrer des Völkerrechts an der Seekriegsschule und an der Harvard-Universität;

Seine Majestät der Kaiser von Österreich, König von Böhmen usw. und Apostolischer König von Ungarn:
Seine Exzellenz Herrn Konstantin Theodor Dumba, Geheimen Rat Seiner Kaiserlichen und Königlich Apostolischen Majestät, außerordentlichen Gesandten und bevollmächtigten Minister;

Seine Majestät der König von Spanien:
Herrn Gabriel Maura y Gamazo, Grafen de la Mortera, Abgeordneten zum Parlament;

der Präsident der Französischen Republik:
Herrn Louis Renault, Professor an der Juristischen Fakultät in Paris, charakterisierten bevollmächtigten Minister, Justitiar des Ministeriums der auswärtigen Angelegenheiten, Mitglied des Instituts von Frankreich, Mitglied des Ständigen Schiedshofs;

Seine Majestät der König des Vereinigten Königreichs von Großbritannien und Irland und der britischen überseeischen Lande, Kaiser von Indien:
Herrn Grafen von Desart, K. C. B., Generalprokurator des Königs;

Seine Majestät der König von Italien:
Herrn Guido Fusinato, Staatsrat, Abgeordneten zum Parlament, ehemaligen Unterrichtsminister, Mitglied des Ständigen Schiedshofs;

His Majesty the Emperor of Japan:

Baron Toshiatsu Sakamoto, Vice-Admiral, Head of the Department of Naval Instruction.

M. Enjiro Yamaza, Councillor of the Imperial Embassy at London.

Her Majesty the Queen of the Netherlands:

His Excellency Jonkheer J. A. Roell, Aide-de-Camp to Her Majesty the Queen in Extraordinary Service, Vice-Admiral retired, ex-Minister of Marine.

Jonkheer L. H. Ruyssenaers, Envoy Extraordinary and Minister Plenipotentiary, ex-Secretary-General of the Permanent Court of Arbitration.

His Majesty the Emperor of all the Russias:

Baron Taube, Doctor of Laws, Councillor to the Imperial Ministry of Foreign Affairs, Professor of International Law at the University of St. Petersburgh.

Who, after having communicated their full powers, found to be in good and due form, have agreed to make the present Declaration: —

Preliminary Provision.

The Signatory Powers are agreed that the rules contained in the following Chapters correspond in substance with the generally recognized principles of international law.

Chapter I.

Blockade in time of War.

Article 1.

A blockade must not extend beyond the ports and coasts belonging to or occupied by the enemy.

Seine Majestät der Kaiser von Japan:

Herrn Baron Toshiatsu Sakamoto, Vizeadmiral, Chef des Bildungswesens der Marine,

Herrn Enjiro Yamaza, Rat an der Kaiserlichen Botschaft in London;

Ihre Majestät die Königin der Niederlande:

Seine Exzellenz Herrn Jonkheer J. A. Roëll, Adjutanten Ihrer Majestät der Königin im außerordentlichen Dienste, Vizeadmiral a. D., ehemaligen Marineminister,

Herrn Jonkheer L. H. Ruyssenaers, außerordentlichen Gesandten und bevollmächtigten Minister, ehemaligen Generalsekretär des Ständigen Schiedshofs;

Seine Majestät der Kaiser aller Reußen:

Herrn Baron Taube, Doktor der Rechte, Rat im Kaiserlichen Ministerium der auswärtigen Angelegenheiten, Professor des Völkerrechts an der Universität in St. Petersburg,

welche nach gegenseitiger Mitteilung ihrer in guter und gehöriger Form befundenen Vollmachten übereingekommen sind, die nachstehende Erklärung abzugeben:

Einleitende Bestimmung.

Die Signatarmächte sind einig in der Feststellung, daß die in den folgenden Kapiteln enthaltenen Regeln im wesentlichen den allgemein anerkannten Grundsätzen des internationalen Rechtes entsprechen.

Erstes Kapitel.

Die Blockade in Kriegszeiten.

Artikel 1.

Die Blockade muß auf die feindlichen oder vom Feinde besetzten Häfen und Küsten beschränkt werden.

Article 2.

In accordance with the Declaration of Paris of 1856, a blockade, in order to be binding, must be effective—that is to say, it must be maintained by a force sufficient really to prevent access to the enemy coastline.

Article 3.

The question whether a blockade is effective is a question of fact.

Article 4.

A blockade is not regarded as raised if the blockading force is temporarily withdrawn on account of stress of weather.

Article 5.

A blockade must be applied impartially to the ships of all nations.

Article 6.

The commander of a blockading force may give permission to a warship to enter, and subsequently to leave, a blockaded port.

Article 7.

In circumstances of distress, acknowledged by an officer of the blockading force, a neutral vessel may enter a place under blockade and subsequently leave it, provided that she has neither discharged nor shipped any cargo there.

Article 8.

A blockade, in order to be binding, must be declared in accordance with Article 9, and notified in accordance with Articles 11 and 16.

Article 9.

A declaration of blockade is made either by the blockading Power or by the naval authorities acting in its name.

Artikel 2.

Entsprechend der Pariser Deklaration von 1856 muß die Blockade, um rechtlich wirksam zu sein, tatsächlich wirksam sein, das heißt, durch eine Streitmacht aufrecht erhalten werden, welche hinreicht, um den Zugang zur feindlichen Küste in Wirklichkeit zu verhindern.

Artikel 3.

Die Frage, ob die Blockade tatsächlich wirksam ist, bildet eine Tatfrage.

Artikel 4.

Die Blockade gilt nicht als aufgehoben, wenn sich die blockierenden Streitkräfte infolge schlechten Wetters zeitweise entfernt haben.

Artikel 5.

Die Blockade muß den verschiedenen Flaggen gegenüber unparteiisch gehandhabt werden.

Artikel 6.

Der Befehlshaber der blockierenden Streitmacht kann Kriegsschiffen die Erlaubnis erteilen, den blockierten Hafen anzulaufen und ihn später wieder zu verlassen.

Artikel 7.

Ein neutrales Schiff kann im Falle der von einer Befehlsstelle der blockierenden Streitkräfte festgestellten Seenot in die blockierte Örtlichkeit einlaufen und diese später unter der Voraussetzung wieder verlassen, daß es dort keinerlei Ladung gelöscht oder eingenommen hat.

Artikel 8.

Um rechtlich wirksam zu sein, muß die Blockade gemäß Artikel 9 erklärt und gemäß Artikel 11, 16 bekanntgegeben werden.

Artikel 9.

Die Blockadeerklärung wird entweder von der blockierenden Macht oder von den in ihrem Namen handelnden Befehlsstellen der Marine erlassen.

It specifies—

(1.) The date when the blockade begins;

(2.) The geographical limits of the coastline under blockade;

(3.) The period within which neutral vessels may come out.

Article 10.

If the operations of the blockading Power, or of the naval authorities acting in its name, do not tally with the particulars, which, in accordance with Article 9 (1) and (2), must be inserted in the declaration of blockade, the declaration is void, and a new declaration is necessary in order to make the blockade operative.

Article 11.

A declaration of blockade is notified—

(1.) To neutral Powers, by the blockading Power by means of a communication addressed to the Governments direct, or to their representatives accredited to it;

(2.) To the local authorities, by the officer commanding the blockading force. The local authorities will, in turn, inform the foreign consular officers at the port or on the coastline under blockade as soon as possible.

Article 12.

The rules as to declaration and notification of blockade apply to cases where the limits of a blockade are extended, or where a blockade is re-established after having been raised.

Article 13.

The voluntary raising of a blockade, as also any restriction in the limits of a blockade, must be notified in the manner prescribed by Article 11.

Article 14.

The liability of a neutral vessel to capture for breach of blockade is contingent on her knowledge, actual or presumptive, of the blockade.

Sie bestimmt:

1. den Tag des Beginns der Blockade;
2. die geographischen Grenzen der blockierten Küstenstrecke;
3. die Frist, die den neutralen Schiffen zum Auslaufen gewährt werden muß.

Artikel 10.

Wenn die blockierende Macht oder die in ihrem Namen handelnden Befehlsstellen der Marine die Angaben nicht einhalten, die sie zufolge Artikel 9 Nr. 1, 2 in die Blockadeerklärung aufzunehmen hatten, so ist diese Erklärung nichtig, und ist eine neue Erklärung notwendig, damit die Blockade Rechtswirksamkeit erlangt.

Artikel 11.

Die Blockadeerklärung wird bekanntgegeben:

1. den neutralen Mächten durch die blockierende Macht mittels einer Mitteilung, die an die Regierungen selbst oder an deren bei ihr beglaubigte Vertreter zu richten ist;
2. den örtlich zuständigen Behörden durch den Befehlshaber der blockierenden Streitmacht. Diese Behörden sollen davon ihrerseits möglichst bald die fremden Konsuln benachrichtigen, die ihre Amtstätigkeit in dem blockierten Hafen oder auf der blockierten Küstenstrecke ausüben.

Artikel 12.

Die Regeln über die Erklärung und die Bekanntgabe der Blockade finden gleichfalls Anwendung, wenn die Blockade ausgedehnt oder nach ihrer Aufhebung wieder aufgenommen werden soll.

Artikel 13.

Die freiwillige Aufhebung sowie jede etwa erfolgende Einschränkung der Blockade muß auf die im Artikel 11 vorgeschriebene Art bekanntgegeben werden.

Artikel 14.

Die Zulässigkeit der Beschlagnahme eines neutralen Schiffes wegen Blockadebruchs ist bedingt durch die wirkliche oder vermutete Kenntnis der Blockade.

Article 15.

Failing proof to the contrary, knowledge of the blockade is presumed if the vessel left a neutral port subsequently to the notification of the blockade to the Power to which such port belongs, provided that such notification was made in sufficient time.

Article 16.

If a vessel approaching a blockaded port has no knowledge, actual or presumptive, of the blockade, the notification must be made to the vessel itself by an officer of one of the ships of the blockading force. This notification should be entered in the vessel's logbook, and must state the day and hour, and the geographical position of the vessel at the time.

If through the negligence of the officer commanding the blockading force no declaration of blockade has been notified to the local authorities, or, if in the declaration, as notified, no period has been mentioned within which neutral vessels may come out, a neutral vessel coming out of the blockaded port must be allowed to pass free.

Article 17.

Neutral vessels may not be captured for breach of blockade except within the area of operations of the warships detailed to render the blockade effective.

Article 18.

The blockading forces must not bar access to neutral ports or coasts.

Article 19.

Whatever may be the ulterior destination of a vessel or of her cargo, she cannot be captured for breach of blockade, if, at the moment, she is on her way to a non-blockaded port.

Article 20.

A vessel which has broken blockade outwards, or which has attempted to break blockade inwards, is liable to capture

Artikel 15.

Die Kenntnis der Blockade wird bis zum Beweise des Gegenteils vermutet, wenn das Schiff einen neutralen Hafen nach Ablauf angemessener Zeit seit Bekanntgabe der Blokkade an die diesen Hafen innehabende Macht verlassen hat.

Artikel 16.

Wenn ein Schiff, das sich dem blockierten Hafen nähert, von dem Bestehen der Blockade keine Kenntnis erlangt hat, auch diese Kenntnis nicht vermutet werden kann, so muß die Bekanntgabe an das Schiff selbst durch einen Offizier eines der Schiffe der blockierenden Streitmacht erfolgen. Diese Bekanntgabe muß in das Schiffstagebuch eingetragen werden unter Angabe des Tages und der Stunde sowie des derzeitigen Schiffsorts.

Einem neutralen Schiffe, das aus dem blockierten Hafen ausläuft, muß freie Durchfahrt gestattet werden, wenn infolge einer Versäumnis des Befehlshabers der blockierenden Streitmacht die Blockadeerklärung den örtlich zuständigen Behörden nicht bekanntgegeben oder in der bekanntgegebenen Erklärung eine Frist nicht bestimmt war.

Artikel 17.

Die Beschlagnahme neutraler Schiffe wegen Blockadebruchs darf nur innerhalb des Aktionsbereichs der Kriegsschiffe stattfinden, die beauftragt sind, die tatsächliche Wirksamkeit der Blockade sicherzustellen.

Artikel 18.

Die blockierenden Streitkräfte dürfen den Zugang zu neutralen Häfen und Küsten nicht versperren.

Artikel 19.

Ein die Beschlagnahme des Schiffes rechtfertigender Blockadebruch ist nicht als vorliegend anzunehmen, wenn sich das Schiff derzeit auf der Fahrt nach einem nicht blokkierten Hafen befindet, wie auch immer die spätere Bestimmung von Schiff oder Ladung sein mag.

Artikel 20.

Ein Schiff, das unter Blockadebruch den blockierten Hafen verlassen oder anzulaufen versucht hat, bleibt der

so long as she is pursued by a ship of the blockading force. If the pursuit is abandoned, or if the blockade is raised, her capture can no longer be effected.

Article 21.

A vessel found guilty of breach of blockade is liable to condemnation. The cargo is also condemned, unless it is proved that at the time of the shipment of the goods the shipper neither knew nor could have known of the intention to break the blockade.

Chapter II.

Contraband of War.

Article 22.

The following articles may, without notice, be treated as contraband of war, unter the name of absolute contraband:—

(1.) Arms of all kinds, including arms for sporting purposes, and their distinctive component parts.
(2.) Projectiles, charges, and cartridges of all kinds, and their distinctive component parts.
(3.) Powder and explosives specially prepared for use in war.
(4.) Gun-mountings, limber boxes, limbers, military waggons, field forges, and their distinctive component parts.
(5.) Clothing and equipment of a distinctively military character.
(6.) All kinds of harness of a distinctively military character.
(7.) Saddle, draught, and pack animals suitable for use in war.
(8.) Articles of camp equipment, and their distinctive component parts.
(9.) Armour plates.

Beschlagnahme ausgesetzt, solange es durch ein Kriegsschiff der blockierenden Streitmacht verfolgt wird. Ist die Verfolgung aufgegeben oder die Blockade aufgehoben, so kann seine Beschlagnahme nicht mehr bewirkt werden.

Artikel 21.

Ein des Blockadebruchs schuldig befundenes Schiff wird eingezogen. Die Ladung wird gleichfalls eingezogen, sofern nicht nachgewiesen wird, daß der Befrachter zur Zeit der Verladung der Ware die Absicht des Blockadebruchs weder gekannt hat noch kennen konnte.

Zweites Kapitel.

Kriegskonterbande.

Artikel 22.

Als Kriegskonterbande werden ohne weiteres die nachstehenden, unter der Bezeichnung absolute Konterbande begriffenen Gegenstände und Stoffe angesehen:

1. Waffen jeder Art, mit Einschluß der Jagdwaffen, und ihre als solche kenntlichen Bestandteile;
2. Geschosse, Kartuschen und Patronen jeder Art sowie ihre als solche kenntlichen Bestandteile;
3. Schießpulver und Sprengstoffe, die besonders für den Krieg bestimmt sind;
4. Lafetten, Munitionswagen, Protzen, Proviantwagen, Feldschmieden und ihre als solche kenntlichen Bestandteile;
5. militärische als solche kenntliche Kleidungs- und Ausrüstungsstücke;
6. militärisches als solches kenntliches Geschirr jeder Art;
7. für den Krieg benutzbare Reit-, Zug- und Lasttiere;
8. Lagergerät und seine als solche kenntlichen Bestandteile;
9. Panzerplatten;

(10.) Warships, including boats, and their distinctive component parts of such a nature that they can only be used on a vessel of war.

(11.) Implements and apparatus designed exclusively for the manufacture of munitions of war, for the manufacture or repair of arms, or war material for use on land or sea.

Article 23.

Articles exclusively used for war may be added to the list of absolute contraband by a declaration, which must be notified.

Such notification must be addressed to the Governments of other Powers, or to their representatives accredited to the Power making the declaration. A notification made after the outbreak of hostilities is addressed only to neutral Powers.

Article 24.

The following articles, susceptible of use in war as well as for purposes of peace, may, without notice, be treated as contraband of war, under the name of conditional contraband:—

(1.) Foodstuffs.

(2.) Forage and grain, suitable for feeding animals.

(3.) Clothing, fabrics for clothing, and boots and shoes, suitable for use in war.

(4.) Gold and silver in coin or bullion; paper money.

(5.) Vehicles of all kinds available for use in war, and their component parts.

(6.) Vessels, craft, and boats of all kinds; floating docks, parts of docks and their component parts.

(7.) Railway material, both fixed and rolling-stock, and material for telegraphs, wireless telegraphs, and telephones.

10. Kriegsschiffe und sonstige Kriegsfahrzeuge sowie solche Bestandteile, die nach ihrer besonderen Beschaffenheit nur auf einem Kriegsfahrzeuge benutzt werden können;
11. Werkzeuge und Vorrichtungen, die ausschließlich zur Anfertigung von Kriegsmaterial oder zur Anfertigung und Ausbesserung von Waffen und von Landkriegs- oder Seekriegsmaterial hergestellt sind.

Artikel 23.

Gegenstände und Stoffe, die ausschließlich für den Krieg verwendet werden, können in die Liste der absoluten Kriegskonterbande mittels einer Erklärung, die bekannt zu geben ist, aufgenommen werden.

Die Bekanntgabe wird an die Regierungen der anderen Mächte oder an deren bei der erklärenden Macht beglaubigten Vertreter gerichtet. Eine Bekanntgabe, die nach Beginn der Feindseligkeiten stattfindet, wird nur an die neutralen Mächte gerichtet.

Artikel 24.

Als Kriegskonterbande werden ohne weiteres folgende für kriegerische wie für friedliche Zwecke verwendbare, unter der Bezeichnung relative Konterbande begriffene Gegenstände und Stoffe angesehen:

1. Lebensmittel;
2. Furage und zur Viehfütterung geeignete Körnerfrüchte;
3. für militärische Zwecke geeignete Kleidungsstücke, Kleidungsstoffe und Schuhwerk;
4. Gold und Silber, geprägt und in Barren, sowie Papiergeld;
5. Für den Krieg verwendbare Fuhrwerke jeder Art und ihre Bestandteile;
6. Schiffe, Boote und Fahrzeuge jeder Art, Schwimmdocks und Vorrichtungen für Trockendocks sowie ihre Bestandteile;
7. festes oder rollendes Eisenbahnmaterial, Telegraphen-, Funkentelegraphen- und Telephonmaterial;

(8.) Balloons and flying machines and their distinctive component parts, together with accessories and articles recognizable as intended for use in connection with balloons and flying machines.
(9.) Fuel; lubricants.
(10.) Powder and explosives not specially prepared for use in war.
(11.) Barbed wire and implements for fixing and cutting the same.
(12.) Horseshoes and shoeing materials.
(13.) Harness and saddlery.
(14.) Field glasses, telescopes, chronometers, and all kinds of nautical instruments.

Article 25.

Articles susceptible of use in war as well as for purposes of peace, other than those enumerated in Articles 22 and 24, may be added to the list of conditional contraband by a declaration, which must be notified in the manner provided for in the second paragraph of Article 23.

Article 26.

If a Power waives, so far as it is concerned, the right to treat as contraband of war an article comprised in any of the classes enumerated in Articles 22 and 24, such intention shall be announced by a declaration, which must be notified in the manner provided for in the second paragraph of Article 23.

Article 27.

Articles which are not susceptible of use in war may not be declared contraband of war.

Article 28.

The following may not be declared contraband of war:—

(1.) Raw cotton, wool, silk, jute, flax, hemp, and other raw materials of the textile industries, and yarns of the same.

8. Luftschiffe und Flugmaschinen, ihre als solche kenntlichen Bestandteile sowie Zubehörstücke, Gegenstände und Stoffe, die erkennbar zur Luftschiffahrt oder zu Flugzwecken dienen sollen;
9. Feuerungsmaterial und Schmierstoffe;
10. Schießpulver und Sprengstoffe, die nicht besonders für den Krieg bestimmt sind;
11. Stacheldraht sowie die zu dessen Befestigung und Zerschneidung dienenden Werkzeuge;
12. Hufeisen und Hufschmiedegerät;
13. Geschirr und Sattelzeug;
14. Doppelgläser, Fernrohre, Chronometer und nautische Instrumente aller Art.

Artikel 25.

Gegenstände und Stoffe, die für kriegerische wie für friedliche Zwecke verwendbar und nicht schon in den Artikeln 22, 24 aufgeführt sind, können mittels einer Erklärung, die in der im Artikel 23 Abs. 2 vorgesehenen Weise bekannt zu geben ist, in die Liste der relativen Konterbande aufgenommen werden.

Artikel 26.

Verzichtet eine Macht ihrerseits darauf, Gegenstände, und Stoffe, die zu einer der in den Artikeln 22, 24 aufgezählten Gruppen gehören, als Kriegskonterbande zu betrachten, so hat sie ihre Absicht durch eine Erklärung kundzugeben, die in der im Artikel 23 Abs. 2 vorgesehenen Weise bekannt gemacht wird.

Artikel 27.

Gegenstände und Stoffe, die für kriegerische Zwecke nicht verwendbar sind, können nicht als Kriegskonterbande erklärt werden.

Artikel 28.

Als Kriegskonterbande können die nachstehenden Gegenstände nicht erklärt werden:

1. Rohbaumwolle, Rohwolle, Rohseide, rohe Jute, roher Flachs, roher Hanf und andere Rohstoffe der Textilindustrie sowie die daraus gesponnenen Garne;

(2.) Oil seeds and nuts; copra.
(3.) Rubber, resins, gums, and lacs; hops.
(4.) Raw hides and horns, bones, and ivory.
(5.) Natural and artificial manures, including nitrates and phosphates for agricultural purposes.

(6.) Metallic ores.
(7.) Earths, clays, lime, chalk, stone, including marble, bricks, slates, and tiles.
(8.) Chinaware and glass.
(9.) Paper and paper-making materials.

(10.) Soap, paint and colours, including articles exclusively used in their manufacture, and varnish.
(11.) Bleaching powder, soda ash, caustic soda, salt cake, ammonia, sulphate of ammonia, and sulphate of copper.
(12.) Agricultural, minig, textile, and printing machinery.
(13.) Precious and semi-precious stones, pearls, mother-of-pearl, and coral.
(14.) Clocks and watches, other than chronometers.

(15.) Fashion and fancy goods.
(16.) Feathers of all kinds, hairs, and bristles.
(17.) Articles of household furniture and decoration; office furniture and requisites.

Article 29.

Likewise the following may not be treated as contraband of war:—

(1.) Articles serving exclusively to aid the sick and wounded. They can, however, in case of urgent military necessity and subject to the payment of compensation, be requisitioned, if their destination is that specified in Article 30.

2. ölhaltige Nüsse und Sämereien, Kopra;
3. Kautschuk, Harz, Gummi und Lack, Hopfen;
4. rohe Felle, Hörner, Knochen und Elfenbein;
5. natürlicher und künstlicher Dünger, mit Einschluß der für die Landwirtschaft verwendbaren Nitrate und Phosphate;
6. Erze;
7. Erde, Ton, Kalk, Kreide, Steine mit Einschluß des Marmors, Ziegelsteine, Schiefer und Dachziegel;
8. Porzellan- und Glaswaren;
9. Papier und die zu seiner Herstellung zubereiteten Stoffe;
10. Seife, Farbe mit Einschluß der ausschließlich zu ihrer Herstellung bestimmten Materialien, und Firnis;
11. Chlorkalk, Soda, Ätznatron, schwefelsaures Natron in Kuchen, Ammoniak, schwefelsaures Ammoniak und Kupfervitriol;
12. Maschinen für Landwirtschaft, für Bergbau, für Textilindustrie und für Buchdruckerei;
13. Edelsteine, Halbedelsteine, Perlen, Perlmutter und Korallen;
14. Turm- und Wanduhren, Standuhren und Taschenuhren außer Chronometern;
15. Mode- und Galanteriewaren;
16. Federn jeder Art, Haare und Borsten;
17. Gegenstände zur Wohnungseinrichtung und zum Wohnungsschmucke; Bureaumöbel und Bureaubedarf.

Artikel 29.

Als Kriegskonterbande können ferner nicht angesehen werden:

1. Gegenstände und Stoffe, die ausschließlich zur Pflege der Kranken und Verwundeten dienen, jedoch mit der Maßgabe, daß sie im Falle gewichtiger militärischer Erfordernisse gegen Entschädigung angefordert werden können, wenn sie die im Artikel 30 vorgesehene Bestimmung haben;

(2.) Articles intended for the use of the vessel in which they are found, as well as those intended for the use of her crew and passengers during the voyage.

Article 30.

Absolute contraband is liable to capture if it is shown to be destined to territory belonging to or occupied by the enemy, or to the armed forces of the enemy. It is immaterial whether the carriage of the goods is direct or entails transhipment or a subsequent transport by land.

Article 31.

Proof of the destination specified in Article 30 is complete in the following cases:—

(1.) When the goods are documented for discharge in an enemy port, or for delivery to the armed forces of the enemy.

(2.) When the vessel is to call at enemy ports only, or when she is to touch at an enemy port or meet the armed forces of the enemy before reaching the neutral port for which the goods in question are documented.

Article 32.

Where a vessel is carrying absolute contraband, her papers are conclusive proof as to the voyage on which she is engaged, unless she is found clearly out of the course indicated by her papers and unable to give adequate reasons to justify such deviation.

Article 33.

Conditional contraband is liable to capture if it is shown to be destined for the use of the armed forces or of a government department of the enemy State, unless in this latter case the circumstances show that the goods cannot in fact be used for the purposes of the war in progress. This latter

2. Gegenstände und Stoffe, die zum Gebrauche des Schiffes, wo sie vorgefunden werden, oder zum Gebrauche der Besatzung oder der Passagiere dieses Schiffes während der Reise bestimmt sind.

Artikel 30.

Die Gegenstände der absoluten Konterbande unterliegen der Beschlagnahme, wenn bewiesen wird, daß ihre Bestimmung das feindliche oder vom Feinde besetzte Gebiet oder die feindliche Streitmacht ist. Es macht keinen Unterschied, ob die Zuführung dieser Gegenstände unmittelbar erfolgt, oder ob sie noch eine Umladung oder eine Beförderung zu Lande erfordert.

Artikel 31.

Der Beweis für die im Artikel 30 vorgesehene Bestimmung ist in folgenden Fällen endgültig erbracht:

1. wenn die Ware nach den Urkunden in einem feindlichen Hafen ausgeladen oder der feindlichen Streitmacht geliefert werden soll;
2. wenn das Schiff nur feindliche Häfen anlaufen soll oder wenn es einen feindlichen Hafen berühren oder zu der feindlichen Streitmacht stoßen soll, bevor es den neutralen Hafen erreicht, wohin die Ware urkundlich bestimmt ist.

Artikel 32.

Die Schiffspapiere begründen vollen Beweis in Ansehung der Fahrt des Schiffes, das absolute Konterbande an Bord hat, es sei denn, daß beim Antreffen des Schiffes dieses offenbar von der nach den Schiffspapieren einzuhaltenden Fahrt abgewichen ist und keinen hinreichenden Grund für diese Abweichung nachzuweisen vermag.

Artikel 33.

Die Gegenstände der relativen Konterbande unterliegen der Beschlagnahme, wenn bewiesen wird, daß sie für den Gebrauch der Streitmacht oder der Verwaltungsstellen des feindlichen Staates bestimmt sind, es sei denn, daß im letzteren Falle nach Ausweis der Umstände diese Gegenstände

exception does not apply to a consignment coming under Article 24 (4).

Article 34.

The destination referred to in Article 23 is presumed to exist if the goods are consigned to enemy authorities, or to a contractor established in the enemy country who, as a matter of common knowledge, supplies articles of this kind to the enemy. A similar presumption arises if the goods are consigned to a fortified place belonging to the enemy, or other place serving as a base for the armed forces of the enemy. No such presumption, however, arises in the case of a merchant vessel bound for one of these places if it is sought to prove that she herself is contraband.

In cases where the above presumptions do not arise, the destination is presumed to be innocent.

The presumptions set up by this Article may be rebutted.

Article 35.

Conditional contraband is not liable to capture, except when found on board a vessel bound for territory belonging to or occupied by the enemy, or for the armed forces of the enemy, and when it is not to be discharged in an intervening neutral port.

The ship's papers are conclusive proof both as to the voyage on which the vessel is engaged and as to the port of discharge of the goods, unless she is found clearly out of the course indicated by her papers, and unable to give adequate reasons to justify such deviation.

Article 36.

Notwithstanding the provisions of Article 35, conditional contraband, if shown to have the destination referred to in Article 33, is liable to capture in cases where the enemy country has no seaboard.

tatsächlich nicht für den derzeitigen Krieg benutzt werden können; der letzte Vorbehalt findet auf die im Artikel 24 Nr. 4 bezeichneten Sendungen keine Anwendung.

Artikel 34.

Die im Artikel 33 vorgesehene Bestimmung wird vermutet, wenn die Sendung an die feindlichen Behörden oder an einen im feindlichen Lande ansässigen Händler gerichtet ist, von dem es feststeht, daß er dem Feinde Gegenstände und Stoffe dieser Art liefert. Das Gleiche gilt für eine Sendung, die nach einem befestigten Platze des Feindes oder nach einem anderen der feindlichen Streitmacht als Basis dienenden Platze bestimmt ist; diese Vermutung findet jedoch keine Anwendung auf das Kauffahrteischiff selbst, das nach einem dieser Plätze fährt und dessen Eigenschaft als Konterbande bewiesen werden soll.

Treffen die vorstehenden Vermutungen nicht zu, so wird vermutet, daß die Bestimmung unschädlich ist.

Die in diesem Artikel aufgestellten Vermutungen lassen den Beweis des Gegenteils zu.

Artikel 35.

Die Gegenstände der relativen Konterbande unterliegen der Beschlagnahme nur auf einem Schiffe, das sich auf der Fahrt nach dem feindlichen oder vom Feinde besetzten Gebiet oder zur feindlichen Streitmacht befindet und das diese Gegenstände nicht in einem neutralen Zwischenhafen ausladen soll.

Die Schiffspapiere begründen vollen Beweis in Ansehung der Fahrt des Schiffes sowie des Ortes der Ausladung der Waren, es sei denn, daß beim Antreffen des Schiffes dieses offenbar von der nach den Schiffspapieren einzuhaltenden Fahrt abgewichen ist und keinen hinreichenden Grund für die Abweichung nachzuweisen vermag.

Artikel 36.

Hat das feindliche Gebiet keine Seegrenze, so unterliegen die Gegenstände der relativen Konterbande, abweichend vom Artikel 35, der Beschlagnahme, sofern bewiesen wird, daß sie die im Artikel 33 vorgesehene Bestimmung haben.

Article 37.

A vessel carrying goods liable to capture as absolute or conditional contraband may be captured on the high seas or in the territorial waters of the belligerents throughout the whole of her voyage, even if she is to touch at a port of call before reaching the hostile destination.

Articles 38.

A vessel may not be captured on the ground that she has carried contraband on a previous occasion if such carriage is in point of fact at an end.

Article 39.

Contraband goods are liable to condemnation.

Article 40.

A vessel carrying contraband may be condemned if the contraband, reckoned either by value, weight, volume, or freight, forms more than half the cargo.

Article 41.

If a vessel carrying contraband is released, she may be condemned to pay the costs and expenses incurred by the captor in respect of the proceedings in the national prize court and the custody of the ship and cargo during the proceedings.

Article 42.

Goods which belong to the owner of the contraband and are on board the same vessel are liable to condemnation.

Article 43.

If a vessel is encountered at sea while unaware of the outbreak of hostilities or of the declaration of contraband which applies to her cargo, the contraband cannot be condemned except on payment of compensation; the vessel herself and the remainder of the cargo are not liable to condemnation or to the costs and expenses referred to in Ar-

Artikel 37.

Befördert ein Schiff Gegenstände, die der Beschlagnahme als absolute oder relative Konterbande unterliegen, so kann es auf hoher See oder in den Gewässern der Kriegführenden während der ganzen Dauer seiner Reise beschlagnahmt werden, selbst wenn es die Absicht hat, einen Zwischenhafen anzulaufen, bevor es die feindliche Bestimmung erreicht.

Artikel 38.

Auf Grund einer früher ausgeführten, aber bereits vollendeten Beförderung von Konterbande kann eine Beschlagnahme nicht bewirkt werden.

Artikel 39.

Die Gegenstände der Konterbande unterliegen der Einziehung.

Artikel 40.

Die Einziehung des die Konterbande befördernden Schiffes ist zulässig, wenn die Konterbande nach Wert, Gewicht, Umfang oder Fracht mehr als die Hälfte der Ladung ausmacht.

Artikel 41.

Wird das die Konterbande befördernde Schiff freigelassen, so fallen die der nehmenden Kriegsmacht durch das Verfahren vor der nationalen Prisengerichtsbarkeit sowie durch die Erhaltung von Schiff und Ladung während der Untersuchung erwachsenen Kosten dem Schiffe zur Last.

Artikel 42.

Die dem Eigentümer der Konterbande gehörenden Waren, die sich an Bord desselben Schiffes befinden, unterliegen der Einziehung.

Artikel 43.

Wird ein Schiff auf See angetroffen, das sich in Unkenntnis der Feindseligkeiten oder der auf seine Ladung anwendbaren Konterbandeerklärung befindet, so können die Gegenstände der Konterbande nur gegen Entschädigung eingezogen werden; das Schiff und der Rest der Ladung sind von der Einziehung sowie von den im Artikel 41 vorgesehenen

ticle 41. The same rule applies if the master, after becoming aware of the outbreak of hostilities, or of the declaration of contraband, has had no opportunity of discharging the contraband.

A vessel is deemed to be aware of the existence of a state of war, or of a declaration of contraband, if she left a neutral port subsequently to the notification to the Power to which such port belongs of the outbreak of hostilities or of the declaration of contraband respectively, provided that such notification was made in sufficient time. A vessel is also deemed to be aware of the existence of a state of war if she left an enemy port after the outbreak of hostilities.

Article 44.

A vessel which has been stopped on the ground that she is carrying contraband, and which is not liable to condemnation on account of the proportion of contraband on board, may, when the circumstances permit, be allowed to continue her voyage if the master is willing to hand over the contraband to the belligerent warship.

The delivery of the contraband must be entered by the captor on the logbook of the vessel stopped, and the master must give the captor duly certified copies of all relevant papers.

The captor is at liberty to destroy the contraband that has been handed over to him under these conditions.

Chapter III.

Unneutral Service.

Article 45.

A neutral vessel will be condemned and will, in a general way, receive the same treatment as a neutral vessel liable to condemnation for carriage of contraband:—

(1.) If she is on a voyage specially undertaken with a view to the transport of individual passengers who are embodied in the armed forces of the enemy, or with a view to the transmission of intelligence in the interest of the enemy.

Kosten befreit. Das Gleiche gilt, wenn der Kapitän von dem Beginne der Feindseligkeiten oder von der Konterbandeerklärung Kenntnis erlangt hat, die Gegenstände der Konterbande aber noch nicht hat ausladen können.

Daß das Schiff den Kriegszustand oder die Konterbandeerklärung kennt, wird angenommen, wenn es einen neutralen Hafen nach Ablauf angemessener Zeit seit Bekanntgabe des Beginns der Feindseligkeiten oder der Konterbandeerklärung an die diesen Hafen innehabende Macht verlassen hat. Daß der Kriegszustand dem Schiffe bekannt ist, wird auch angenommen, wenn es einen feindlichen Hafen nach Beginn der Feindseligkeiten verlassen hat.

Artikel 44.

Ein wegen Konterbande angehaltenes Schiff, das mit Rücksicht auf das Mengenverhältnis der Konterbande nicht der Einziehung unterliegt, kann je nach den Umständen zur Fortsetzung der Fahrt ermächtigt werden, wenn der Kapitän bereit ist, die Konterbande dem Schiffe des Kriegführenden zu überliefern.

Die Übergabe der Konterbande wird von dem nehmenden Kriegsschiff in dem Tagebuche des angehaltenen Schiffes vermerkt; der Kapitän dieses Schiffes hat dem nehmenden Kriegsschiffe beglaubigte Abschrift aller zweckdienlichen Papiere zu übergeben.

Das nehmende Kriegsschiff ist befugt, die ihm so überlieferte Konterbande zu zerstören.

Drittes Kapitel.

Neutralitätswidrige Unterstützung.

Artikel 45.

Ein neutrales Schiff wird eingezogen und unterliegt überhaupt der Behandlung, die ein neutrales, der Einziehung wegen Kriegskonterbande unterworfenes Schiff erfahren würde:

1. falls es die Reise eigens zum Zweck der Beförderung einzelner in die feindliche Streitmacht eingereihter Personen oder zur Nachrichtenbeförderung im Interesse des Feindes ausführt;

(2.) If, to the knowledge of either the owner, the charterer, or the master, she is transporting a military detachment of the enemy, or one or more persons who, in the course of the voyage, directly assist the operations of the enemy.

In the cases specified under the above heads, goods belonging to the owner of the vessel are likewise liable to condemnation.

The provisions of the present Article do not apply if the vessel is encountered at sea while unaware of the outbreak of hostilities, or if the master, after becoming aware of the outbreak of hostilities, has had no opportunity of disembarking the passengers. The vessel is deemed to be aware of the existence of a state of war if she left an enemy port subsequently to the outbreak of hostilities, or a neutral port subsequently to the notification of the outbreak of hostilities to the Power to which such port belongs, provided that such notification was made in sufficient time.

Article 46.

A neutral vessel will be condemned and, in a general way, receive the same treatment as would be applicable to her if she were an enemy merchant vessel:

(1.) If she takes a direct part in the hostilities;

(2.) If she is under the orders or control of an agent placed on board by the enemy Government;

(3.) If she is in the exclusive employment of the enemy Government;

(4.) If she is exclusively engaged at the time either in the transport of enemy troops or in the transmission of intelligence in the interest of the enemy.

In the cases covered by the present Article, goods belonging to the owner of the vessel are likewise liable to condemnation.

2. falls es mit Wissen des Eigentümers, des Charterers oder des Kapitäns eine geschlossene feindliche Truppenabteilung oder eine oder mehrere Personen, die während der Fahrt die Operationen des Feindes unmittelbar unterstützen, an Bord hat.

In den unter den vorstehenden Nummern bezeichneten Fällen unterliegen die dem Eigentümer des Schiffes gehörenden Waren gleichfalls der Einziehung.

Die Bestimmungen dieses Artikels finden keine Anwendung, wenn das Schiff zu der Zeit, wo es auf See betroffen wird, von den Feindseligkeiten keine Kenntnis hat oder wenn der Kapitän von dem Beginne der Feindseligkeiten Kenntnis erlangt hat, die beförderten Personen aber noch nicht hat ausschiffen können. Daß das Schiff den Kriegszustand kennt, wird angenommen, wenn es einen feindlichen Hafen nach Beginn der Feindseligkeiten oder einen neutralen Hafen nach Ablauf angemessener Zeit seit Bekanntgabe des Beginns der Feindseligkeiten an die diesen Hafen innehabende Macht verlassen hat.

Artikel 46.

Ein neutrales Schiff wird eingezogen und unterliegt überhaupt der Behandlung, die es als feindliches Kauffahrteischiff erfahren würde:

1. falls es sich unmittelbar an den Feindseligkeiten beteiligt;
2. falls es sich unter dem Befehl oder unter der Aufsicht eines von der feindlichen Regierung an Bord gesetzten Agenten befindet;
3. falls es von der feindlichen Regierung gechartert ist;
4. falls es derzeit ausschließlich zur Beförderung feindlicher Truppen oder zur Nachrichtenbeförderung im Interesse des Feindes bestimmt ist.

In den in diesem Artikel bezeichneten Fällen unterliegen die dem Eigentümer des Schiffes gehörenden Waren gleichfalls der Einziehung.

Article 47.

Any individual embodied in the armed forces of the enemy who is found on board a neutral merchant vessel, may be made a prisoner of war, even tough there be no ground for the capture of the vessel.

Chapter IV.

Destruction of Neutral Prizes.

Article 48.

A neutral vessel which has been captured may not be destroyed by the captor; she must be taken into such port as is proper for the determination there of all questions concerning the validity of the capture.

Article 49.

As an exception, a neutral vessel which has been captured by a belligerent warship, and which would be liable to condemnation, may be destroyed if the observance of Article 48 would involve danger to the safety of the warship or the success of the operations in which she is engaged at the time.

Article 50.

Before the vessel is destroyed all persons on board must be placed in safety, and all the ship's papers and other documents which the parties interested consider relevant for the purpose of deciding on the validity of the capture must be taken on board the warship.

Article 51.

A captor who has destroyed a neutral vessel must, prior to any decision respecting the validity of the prize, establish that he only acted in the face of an exceptional necessity of the nature contemplated in Article 49. If he fails to do this, he must compensate the parties interested and no examination shall be made of the question whether the capture was valid or not.

Artikel 47.

Jede in die feindliche Streitmacht eingereihte Person, die an Bord eines neutralen Kauffahrteischiffs betroffen wird, kann zum Kriegsgefangenen gemacht werden, auch wenn dieses Schiff der Beschlagnahme nicht unterliegt.

Viertes Kapitel.
Zerstörung neutraler Prisen.

Artikel 48.

Ein beschlagnahmtes neutrales Schiff darf von der nehmenden Kriegsmacht nicht zerstört, sondern muß in einen Hafen gebracht werden, wo gehörig über die Rechtmäßigkeit der Wegnahme entschieden werden kann.

Artikel 49.

Ausnahmsweise darf ein von einem Schiffe des Kriegführenden beschlagnahmtes neutrales Schiff, das der Einziehung unterliegen würde, zerstört werden, wenn die Befolgung des Artikel 48 das Kriegsschiff einer Gefahr aussetzen oder den Erfolg der Operationen, worin es derzeit begriffen ist, beeinträchtigen könnte.

Artikel 50.

Vor der Zerstörung müssen die an Bord befindlichen Personen in Sicherheit gebracht, auch sämtliche Schiffspapiere und sonstigen Beweisstücke, die nach Ansicht der Beteiligten für die Entscheidung über die Rechtmäßigkeit der Wegnahme von Wert sind, auf das Kriegsschiff herübergenommen werden.

Artikel 51.

Die nehmende Kriegsmacht, die ein neutrales Schiff zerstört hat, muß vor jeder Entscheidung über die Rechtmäßigkeit der Wegnahme den tatsächlichen Nachweis führen, daß sie nur ausnahmsweise angesichts einer Notwendigkeit der im Artikel 49 bezeichneten Art gehandelt hat. Führt sie diesen Nachweis nicht, so ist sie gegenüber den Beteiligten zum Schadensersatze verpflichtet, ohne daß es einer Untersuchung darüber bedarf, ob die Wegnahme rechtmäßig war oder nicht.

Article 52.

If the capture of a neutral vessel is subsequently held to be invalid, though the act of destruction has been held to have been justifiable, the captor must pay compensation to the parties interested, in place of the restitution to which they would have been entitled.

Article 53.

If neutral goods not liable to condemnation have been destroyed with the vessel, the owner of such goods is intitled to compensation.

Article 54.

The captor has the right to demand the handing over, or to proceed himself to the destruction of, any goods liable to condemnation found on board a vessel not herself liable to condemnation, provided that the circumstances are such as would, under Article 49, justify the destruction of a vessel herself liable to condemnation. The captor must enter the goods surrendered or destroyed in the logbook of the vessel stopped, and must obtain duly certified copies of all relevant papers. When the goods have been handed over or destroyed, and the formalities duly carried out, the master must be allowed to continue his voyage.

The provisions of Articles 51 and 52 respecting the obligations of a captor who has destroyed a neutral vessel are applicable.

Chapter V.

Transfer to a Neutral Flag.

Article 55.

The transfer of an enemy vessel to a neutral flag, effected before the outbreak of hostilities, is valid, unless it is proved that such transfer was made in order to evade the consequences to which an enemy vessel, as such, is exposed. There is, however, a presumption, if the bill of sale is not on board a vessel which has lost her belligerent nationality less than

Artikel 52.

Wird die Wegnahme eines neutralen Schiffes, dessen Zerstörung gerechtfertigt worden ist, später für nichtig erklärt, so muß die nehmende Kriegsmacht den Beteiligten an Stelle der von ihnen zu beanspruchenden Rückgabe Schadensersatz leisten.

Artikel 53.

Sind neutrale Waren, die der Einziehung nicht unterlagen, mit dem Schiffe zerstört worden, so hat der Eigentümer dieser Waren Anspruch auf Schadensersatz.

Artikel 54.

Das nehmende Kriegsschiff kann die Übergabe einziehbarer Waren, die an Bord eines der Einziehung selbst nicht unterliegenden Schiffes gefunden werden, verlangen oder zu ihrer Zerstörung schreiten, wenn solche Umstände vorliegen, die nach Artikel 49 die Zerstörung eines der Einziehung unterliegenden Schiffes rechtfertigen würden. Es hat die überlieferten oder zerstörten Gegenstände in dem Tagebuche des angehaltenen Schiffes zu vermerken und sich von dem Kapitän beglaubigte Abschrift aller zweckdienlichen Papiere übergeben zu lassen. Sobald die Übergabe oder die Zerstörung erfolgt ist und die Förmlichkeiten erledigt sind, muß dem Kapitän die Fortsetzung seiner Fahrt gestattet werden.

Die Bestimmungen der Artikel 51, 52 über die Verantwortlichkeit der nehmenden Kriegsmacht, die ein neutrales Schiff zerstört hat, finden Anwendung.

Fünftes Kapitel.

Flaggenwechsel.

Artikel 55.

Der vor Beginn der Feindseligkeiten herbeigeführte Übergang eines feindlichen Schiffes zur neutralen Flagge ist gültig, falls nicht bewiesen wird, daß dieser Übergang herbeigeführt worden ist, um den mit der Eigenschaft eines feindlichen Schiffes verbundenen Folgen zu entgehen. Indes spricht die Vermutung für die Nichtigkeit, sofern sich die

sixty days before the outbreak of hostilities, that the transfer is void. This presumption may be rebutted.

Where the transfer was effected more than thirty days before the outbreak of hostilities, there is an absolute presumption that it is valid if it is unconditional, complete, and in conformity with the laws of the countries concerned, and if its effect is such that neither the control of, nor the profits arising from the employment of, the vessel remain in the same hands as before the transfer. If, however, the vessel lost her belligerent nationality less than sixty days before the outbreak of hostilities and if the bill of sale is not on board, the capture of the vessel gives no right to damages.

Article 56.

The transfer of an enemy vessel to a neutral flag, effected after the outbreak of hostilities, is void unless it is proved that such transfer was not made in order to evade the consequences to which an enemy vessel, as such, is exposed.

There, however, is an absolute presumption that a transfer is void—

(1.) If the transfer has been made during a voyage or in a blockaded port.

(2.) If a right to repurchase or recover the vessel is reserved to the vendor.

(3.) If the requirements of the municipal law governing the right to fly the flag under which the vessel is sailing, have not been fulfilled.

Chapter VI.

Enemy Character.

Article 57.

Subject to the provisions respecting transfer to another flag, the neutral or enemy character of a vessel is determined by the flag which she is entitled to fly.

Übertragungsurkunde nicht an Bord befindet und das Schiff die Nationalität des Kriegführenden weniger als sechzig Tage vor Beginn der Feindseligkeiten verloren hat; der Gegenbeweis ist zulässig.

Eine unwiderlegliche Vermutung spricht für die Gültigkeit eines Überganges, der mehr als dreißig Tage vor Beginn der Feindseligkeiten herbeigeführt worden ist, wenn er unbedingt und vollständig ist, der Gesetzgebung der beteiligten Länder entspricht und zur Folge hat, daß die Verfügung über das Schiff und der Gewinn aus seiner Verwendung nicht in denselben Händen wie vor dem Übergange bleiben. Hat jedoch das Schiff die Nationalität des Kriegführenden weniger als sechzig Tage vor Beginn der Feindseligkeiten verloren und befindet sich die Übertragungsurkunde nicht an Bord, so kann die Beschlagnahme des Schiffes nicht zum Schadensersatz Anlaß geben.

Artikel 56.

Der nach Beginn der Feindseligkeiten herbeigeführte Übergang eines feindlichen Schiffes zur neutralen Flagge ist nichtig, falls nicht bewiesen wird, daß dieser Übergang nicht herbeigeführt worden ist, um den mit der Eigenschaft eines feindlichen Schiffes verbundenen Folgen zu entgehen.

Jedoch spricht eine unwiderlegliche Vermutung für die Nichtigkeit:

1. wenn der Übergang herbeigeführt worden ist, während sich das Schiff auf der Reise oder in einem blockierten Hafen befand;
2. wenn ein Rückkaufsrecht oder Rückfallsrecht vorbehalten ist;
3. wenn die Bedingungen nicht erfüllt worden sind, von denen das Flaggenrecht nach der Gesetzgebung der geführten Flagge abhängt.

Sechstes Kapitel.

Feindliche Eigenschaft.

Artikel 57.

Vorbehaltlich der Bestimmungen über den Flaggenwechsel, wird die neutrale oder feindliche Eigenschaft eines

The case where a neutral vessel is engaged in a trade which is closed in time of peace, remains outside the scope of, and is in no wise affected by, this rule.

Article 58.

The neutral or enemy character of goods found on board an enemy vessel is determined by the neutral or enemy character of the owner.

Article 59.

In the absence of proof of the neutral character of goods found on board an enemy vessel, they are presumed to be enemy goods.

Article 60.

Enemy goods on board an enemy vessel retain their enemy character until they reach their destination, notwithstanding any transfer effected after the outbreak of hostilities while the goods are being forwarded.

If, however, prior to the capture, a former neutral owner exercises, on the bankruptcy of an existing enemy owner, a recognized legal right to recover the goods, they regain their neutral character.

Chapter VII.

Convoy.

Article 61.

Neutral vessels under national convoy are exempt from search. The commander of a convoy gives, in writing, at the request of the commander of a belligerent warship, all information as to the character of the vessels and their cargoes, which could be obtained by search.

Schiffes durch die Flagge bestimmt, zu deren Führung es berechtigt ist.

Der Fall, wo ein neutrales Schiff eine ihm in Friedenszeiten nicht gestattete Schiffahrt betreibt, bleibt außer Betracht und wird durch diese Regel in keiner Weise berührt.

Artikel 58.

Die neutrale oder feindliche Eigenschaft der an Bord eines feindlichen Schiffes vorgefundenen Waren wird durch die neutrale oder feindliche Eigenschaft des Eigentümers bestimmt.

Artikel 59.

Ist die neutrale Eigenschaft der an Bord eines feindlichen Schiffes vorgefundenen Ware nicht nachgewiesen, so wird vermutet, daß die Ware feindlich ist.

Artikel 60.

Die feindliche Eigenschaft der an Bord eines feindlichen Schiffes verladenen Ware bleibt bis zur Ankunft am Bestimmungsorte bestehen, ungeachtet eines im Verlaufe der Beförderung nach Beginn der Feindseligkeiten eingetretenen Eigentumswechsels.

Übt jedoch vor der Wegnahme im Falle des Konkurses des derzeitigen feindlichen Eigentümers ein früherer neutraler Eigentümer ein gesetzliches Rückforderungsrecht in Ansehung der Ware aus, so nimmt diese die neutrale Eigenschaft wieder an.

Siebentes Kapitel.

Geleit.

Artikel 61.

Neutrale Schiffe unter dem Geleit ihrer Kriegsflagge sind von der Durchsuchung befreit. Der Kommandant des Geleitschiffs hat dem Kommandanten des Kriegsschiffs eines Kriegführenden auf sein Ersuchen über die Eigenschaft der Schiffe und über ihre Ladung schriftlich jede Auskunft zu geben, zu deren Erlangung die Durchsuchung dienen würde.

Article 62.

If the commander of the belligerent warship has reason to suspect that the confidence of the commander of the convoy has been abused, he communicates his suspicions to him. In such a case it is for the commander of the convoy alone to investigate the matter. He must record the result of such investigation in a report, of which a copy is handed to the officer of the warship. If, in the opinion of the commander of the convoy, the facts shown in the report justify the capture of one or more vessels, the protection of the convoy must be withdrawn from such vessels.

Chapter VIII.
Resistance to Search.

Article 63.

Forcible resistance to the legitimate exercise of the right of stoppage, search, and capture, involves in all cases the condemnation of the vessel. The cargo is liable to the same treatment as the cargo of an enemy vessel. Goods belonging to the master or owner of the vessel are treated as enemy goods.

Chapter IX.
Compensation.

Article 64.

If the capture of a vessel or of goods is not upheld by the prize court, or if the prize is released without any judgment being given, the parties interested have the right to compensation, unless there were good reasons for capturing the vessel or goods.

Final Provisions.

Article 65.

The provisions of the present Declaration must be treated as a whole, and cannot be separated.

Artikel 62.

Hat der Kommandant des Kriegsschiffs eines Kriegführenden Ursache anzunehmen, daß der Kommandant des Geleitschiffs getäuscht worden ist, so teilt er ihm seine Verdachtsgründe mit. In diesem Falle steht es allein dem Kommandanten des Geleitschiffs zu, eine Nachprüfung vorzunehmen. Er muß das Ergebnis der Nachprüfung in einem Protokolle feststellen, das in Abschrift dem Offizier des Kriegsschiffs zu übergeben ist. Rechtfertigen die so festgestellten Tatsachen nach Ansicht des Kommandanten des Geleitschiffs die Beschlagnahme eines oder mehrerer Schiffe, so muß diesen der Schutz des Geleits entzogen werden.

Achtes Kapitel.
Widerstand gegen die Durchsuchung.

Artikel 63.

Der gewaltsame Widerstand gegen die rechtmäßige Ausübung des Anhaltungs-, Durchsuchungs- oder Beschlagnahmerechts hat in allen Fällen die Einziehung des Schiffes zur Folge. Die Ladung unterliegt derselben Behandlung, welche die Ladung eines feindlichen Schiffes erfahren würde; die dem Kapitän oder dem Eigentümer des Schiffes gehörenden Waren werden als feindliche Waren angesehen.

Neuntes Kapitel.
Schadenersatz.

Artikel 64.

Wird die Beschlagnahme des Schiffes oder der Waren von der Prisengerichtsbarkeit nicht bestätigt oder wird sie ohne gerichtliches Verfahren aufgehoben, so haben die Beteiligten Anspruch auf Schadensersatz, es sei denn, daß ausreichende Gründe für die Beschlagnahme des Schiffes oder der Waren vorgelegen haben.

Schlussbestimmungen.

Artikel 65.

Die Bestimmungen dieser Erklärung bilden ein unteilbares Ganzes.

Article 66.

The Signatory Powers undertake to insure the mutual observance of the rules contained in the present Declaration in any war in which all the belligerents are parties thereto. They will therefore issue the necessary instructions to their authorities and to their armed forces, and will take such measures as may be required in order to insure that it will be applied by their courts, and more particularly by their prize courts.

Article 67.

The present Declaration shall be ratified as soon as possible.

The ratifications shall be deposited in London.

The first deposit of ratifications shall be recorded in a Protocol signed by the Representatives of the Powers taking part therein, and by His Britannic Majesty's Principal Secretary of State for Foreign Affairs.

The subsequent deposits of ratifications shall be made by means of a written notification addressed to the British Government, and accompanied by the instrument of ratification.

A duly certified copy of the Protocol relating to the first deposit of ratifications, and of the notifications mentioned in the preceding paragraph as well as of the instruments of ratification which accompany them, shall be immediately sent by the British Government, through the diplomatic channel, to the Signatory Powers. The said Government shall, in the cases contemplated in the preceding paragraph, inform them at the same time of the date on which it received the notification.

Article 68.

The present Declaration shall take effect, in the case of the Powers which were parties to the first deposit of ratifi-

Artikel 66.

Die Signatarmächte verpflichten sich, im Falle eines Krieges, in dem alle Kriegführenden an dieser Erklärung beteiligt sind, die gegenseitige Beachtung der in der Erklärung enthaltenen Regeln untereinander sicherzustellen. Sie werden demgemäß ihren Behörden und ihren Streitkräften die nötigen Verhaltungsmaßregeln geben, auch die geeigneten Maßnahmen treffen, um die Anwendung der Erklärung durch ihre Gerichte, insbesondere durch ihre Prisengerichte, zu verbürgen.

Artikel 67.

Diese Erklärung soll möglichst bald ratifiziert werden.

Die Ratifikationsurkunden sollen in London hinterlegt werden.

Die erste Hinterlegung von Ratifikationsurkunden wird durch ein Protokoll festgestellt, das von den Vertretern der daran teilnehmenden Mächte und von dem Ersten Staatssekretär Seiner Britischen Majestät im Auswärtigen Amte unterzeichnet wird.

Die späteren Hinterlegungen von Ratifikationsurkunden erfolgen mittels einer schriftlichen an die Britische Regierung gerichteten Anzeige, der die Ratifikationsurkunde beizufügen ist.

Beglaubigte Abschrift des Protokolls über die erste Hinterlegung von Ratifikationsurkunden, der im vorstehenden Absatz erwähnten Anzeigen sowie der ihnen beigefügten Ratifikationsurkunden wird durch die Britische Regierung den Signatarmächten auf diplomatischem Wege unverzüglich mitgeteilt werden. In den Fällen des vorstehenden Absatzes wird die bezeichnete Regierung ihnen zugleich bekanntgeben, an welchem Tage sie die Anzeige erhalten hat.

Artikel 68.

Diese Erklärung wird wirksam für die Mächte, die an der ersten Hinterlegung von Ratifikationsurkunden teilge-

cations, sixty days after the date of the Protocol recording such deposit, and, in the case of the Powers which shall ratify subsequently, sixty days after the notification of their ratification shall have been received by the British Government.

Article 69.

In the event of one of the Signatory Powers wishing to denounce the present Declaration, such denunciation can only be made to take effect at the end of a period of twelve years, beginning sixty days after the first deposit of ratifications, and, after that time, at the end of successive periods of six years, of which the first will begin at the end of the period of twelve years.

Such denunciation must be notified in writing, at least one year in advance, to the British Government, which shall inform all the other Powers.

It will only operate in respect of the denouncing Power.

Article 70.

The Powers represented at the London Naval Conference attach particular importance to the general recognition of the rules which they have adopted, and therefore express the hope that the Powers which were not represented there will accede to the present Declaration. They request the British Government to invite them to do so.

A Power which desires to accede shall notify its intention in writing to the British Government, and transmit simultaneously the act of accession, which will be deposited in the archives of the said Government.

The said Government shall forthwith transmit to all the other Powers a duly certified copy of the notification, together with the act of accession, and communicate the date on which such notification was received. The accession takes effect sixty days after such date.

In respect of all matters concerning this Declaration, acceding Powers shall be on the same footing as the Signatory Powers.

nommen haben, sechzig Tage nach dem Tage, an dem das Protokoll über diese Hinterlegung aufgenommen ist, und für die später ratifizierenden Mächte sechzig Tage, nachdem die Britische Regierung die Anzeige von ihrer Ratifikation erhalten hat.

Artikel 69.

Sollte eine der Signatarmächte diese Erklärung kündigen wollen, so kann sie dies nur tun für den Schluß eines Zeitraums von zwölf Jahren, der sechzig Tage nach der ersten Hinterlegung von Ratifikationsurkunden zu laufen beginnt, und später für den Schluß einander folgender Zeiträume von sechs Jahren, deren erster mit Ablauf des zwölfjährigen Zeitraums beginnt.

Die Kündigung muß wenigstens ein Jahr vorher schriftlich der Britischen Regierung erklärt werden, die hiervon allen anderen Mächten Kenntnis geben wird. Sie soll nur in Ansehung der Macht wirksam sein, die sie erklärt hat.

Artikel 70.

Die Mächte, die auf der Londoner Seekriegs-Konferenz vertreten sind, legen besonderen Wert auf die allgemeine Anerkennung der von ihnen angenommenen Regeln und sprechen daher die Hoffnung aus, daß die dort nicht vertretenen Mächte dieser Erklärung beitreten werden. Sie bitten die Britische Regierung, diese Mächte hierzu einladen zu wollen.

Die Macht, die beizutreten wünscht, hat ihre Absicht der Britischen Regierung schriftlich anzuzeigen und ihr dabei die Beitrittsurkunde zu übersenden, die im Archive der bezeichneten Regierung hinterlegt werden wird.

Diese Regierung wird unverzüglich allen anderen Mächten beglaubigte Abschrift der Anzeige wie der Beitrittsurkunde übersenden und zugleich angeben, an welchem Tage sie die Anzeige erhalten hat. Der Beitritt wird sechzig Tage nach diesem Tage wirksam.

Die Stellung der beitretenden Mächte wird in allem, was diese Erklärung anlangt, dieselbe sein, wie die der Signatarmächte.

Article 71.

The present Declaration, which bears the date of the 26th February, 1909, may be signed in London up till the 30th June, 1909, by the Plenipotentiaries of the Powers represented at the Naval Conference.

In faith whereof the Plenipotentiaries have signed the present Declaration, and have thereto affixed their seals.

Done at London, the twenty-sixth day of February, one thousand nine hundred and nine, in a single original, which shall remain deposited in the archives of the British Government, and of which duly certified copies shall be sent trough the diplomatic channel to the Powers represented at the Naval Conference.

(Here follow the signatures.)

Artikel 71.

Diese Erklärung, die das Datum des 26. Februar 1909 tragen wird, kann bis zum 30. Juni 1909 in London von den Bevollmächtigten der auf der Seekriegsrechts-Konferenz vertretenen Mächte unterzeichnet werden.

Zu Urkund dessen haben die Bevollmächtigten diese Erklärung unterzeichnet und mit ihren Siegeln versehen.

Geschehen in London am sechsundzwanzigsten Februar neunzehnhundertneun in einer einzigen Ausfertigung, die im Archive der Britischen Regierung hinterlegt bleiben soll, und wovon beglaubigte Abschriften den auf der Seekriegsrechts-Konferenz vertretenen Mächten auf diplomatischem Wege übergeben werden sollen.

(Unterschriften.)

Anlage II.

Die britische Konterbande-Erklärung vom 5. August 1914.

By the King:

George R. I.

A Proclamation.

Whereas a state of War exists between Us on the one hand and the German Empire on the other:

And whereas it is necessary to specify the articles which it is Our intention to treat as Contraband of War:

Now, therefore, We do hereby Declare by and with the advice of Our Privy Council that during the continuance of the War or until We do give further public notice the articles enumerated in Schedule I hereto will be treated as absolute contraband and the articles enumerated in Schedule II hereto will be treated as conditional contraband.

Given at Our Court at Buckingham Palace this fifth day of August in the year of Our Lord nineteen hundred and fourteen and in the fifth year of Our Reign.

God save the King.

Schedule I.

The following articles will be treated as absolute contraband:—

(1.) Arms of all kinds, including arms for sporting purposes, and their distinctive component parts.

(2.) Projectiles, charges, and cartridges of all kinds, and their distinctive component parts.

(3.) Powder and explosives specially prepared for use in war.

(4.) Gun-mountings, limber boxes, limbers, military waggons, field forges, and their distinctive component parts.

(5.) Clothing and equipment of a distinctively military character.
(6.) All kinds of harness of a distinctively military character.
(7.) Saddle, draught, and pack animals suitable for use in war.
(8.) Articles of camp equipment, and their distinctive component parts.
(9.) Armour plates.
(10.) Warships, including boats, and their distinctive component parts of such a nature that they can only be used on a vessel of war.
(11.) Aeroplanes, airships, balloons, and aircraft of all kinds, and their component parts, together with accessories and articles recognisable as intended for use in connection with balloons and aircraft.
(12.) Implements and apparatus designed exclusively for the manufacture of munitions of war, for the manufacture or repair of arms, or war material for use on land and sea.

Schedule II.

The following articles will be treated as conditional contraband:—

(1.) Food-stuffs.
(2.) Forage and grain, suitable for feeding animals.
(3.) Clothing, fabrics for clothing and boots and shoes, suitable for use in war.
(4.) Gold and silver in coin or bullion: paper money.
(5.) Vehicles of all kinds available for use in war, and their component parts.
(6.) Vessels, craft and boats of all kinds; floating docks, parts of docks, and their component parts.
(7.) Railway material, both fixed and rolling stock, and materials for telegraphs, wireless telegraphs, and telephones.
(8.) Fuel: lubricants.
(9.) Powder and explosives not specially prepared for use in war.

(10.) Barbed wire, and implements for fixing and cutting the same.
(11.) Horse-shoes and shoeing materials.
(12.) Harness and saddlery.
(13.) Field-glasses, telescopes, chronometers, and all kinds of nautical instruments.

Anlage III.

Die Order in Council vom 20. August 1914.

Order in Council.

At the Court at Buckingham Palace,
the 20th day of August 1914.

Present,

The King's Most Excellent Majesty in Council.

Whereas during the present hostilities the Naval Forces of His Majesty will co-operate with the French and Russian Naval Forces, and

Whereas it is desirable that the naval operations of the allied forces so far as they affect neutral ships and commerce should be conducted on similar principiles, and

Whereas the Governments of France and Russia have informed His Majesty's Government that during the present hostilities it is their intention to act in accordance with the provisions of the Convention known as the Declaration of London, signed on the 26th day of February, 1909, so far as may be practicable,

Now, therefore, His Majesty, by and with the advice of His Privy Council, is pleased to order, and it is hereby ordered, that during the present hostilities the Convention known as the Declaration of London shall, subject to the following additions and modifications, be adopted and put in force by His Majesty's Government as if the same had been ratified by His Majesty:—

The additions and modifications are as follows:

(1.) The lists of absolute and conditional contraband contained in the Proclamation dated August 4th, 1914, shall be substituted for the lists contained in Articles 22 and 24 of the said Declaration.

(2.) A neutral vessel which succeeded in carrying contraband to the enemy with false papers may be detained for having carried such contraband if she is encountered before she has completed her return voyage.

(3.) The destination referred to in Article 33 may be inferred from any sufficient evidence, and (in addition to the presumption laid down in Article 34) shall be presumed to exist if the goods are consigned to or for an agent of the Enemy State or to or for a merchant or other person under the control of the authorities of the Enemy State.

(4.) The existence of a blockade shall be presumed to be known—

(a) to all ships which sailed from or touched at an enemy port a sufficient time after the notification of the blockade to the local authorities to have enabled the enemy Government to make known the existence of the blockade,

(b) to all ships which sailed from or touched at a British or allied port after the publication of the declaration of blockade.

(5.) Notwithstanding the provisions of Article 35 of the said Declaration, conditional contraband, if shown to have the destination referred to in Article 33, is liable to capture to whatever port the vessel is bound and at whatever port the cargo is to be discharged.

(6.) The General Report of the Drafting Committee on the said Declaration presented to the Naval Conference, and adopted by the Conference at the eleventh plenary meeting of February 25th,

1909, shall be considered by all Prize Courts as an authoritative statement of the meaning and intention of the said Declaration, and such Courts shall construe and interpret the provisions of the said Declaration by the light of the commentary given therein.

And the Lord Commissioners of His Majesty's Treasury, the Lords Commissioners of the Admiralty, and each of His Majesty's Principal Secretaries of State, the President of the Probate, Divorce and Admiralty Division of the High Court of Justice, all other Judges of His Majesty's Prize Courts, and all Governors, Officers and Authorities whom it may concern, are to give the necessary directions herein as to them may respectively appertain.

Almeric Fitz Roy.

Anlage IV.

Die Proklamation vom 21. September 1914.

By the King.

A Proclamation

specifying certain additional articles which are to be treated as contraband of war.

George R. I.

Whereas on the fourth day of August last We did issue Our Royal Proclamation specifying the articles which it was Our intention to treat as Contraband of War during the War between Us and the German Emperor:

And whereas on the twelfth day of August last We did by Our Royal Proclamation of that date extend Our Proclamation afore-mentioned to the War between Us and the Emperor of Austria, King of Hungary:

And whereas by an Order in Council of the twentieth day of August, 1914, it was ordered that during the present hostilities the Convention known as the Declaration of London should, subject to certain additions and modifications therein specified, be adopted and put in force as if the same had been ratified by Us:

And whereas it is desirable to add to the list of articles to be treated as Contraband of War during the present War:

And whereas it is expedient to introduce certain further modifications in the Declaration of London as adopted and put in force:

Now, therefore, We do hereby declare, by and with the advice of Our Privy Council, that during the continuance of the War, or until We do give further public notice, the articles enumerated in the Schedule hereto will, notwithstanding anything contained in Article 28 of the Declaration of London, be treated as conditional Contraband.

Schedule.

Copper, unwrought.
Lead, pig, sheet or pipe.
Glycerine.
Ferrochrome.
Haematite Iron Ore.
Magnetic Iron Ore.
Rubber.
Hides and Skins, raw or rough tanned (but not including dressed leather).

Given at Our Court at Buckingham Palace, this Twenty-first day of September, in the Year of our Lord one thousand nine hundred and fourteen, and in the Fifth Year of Our Reign.

God save the King.

Anlage V.

Die Denkschrift der Deutschen Regierung vom 10. Oktober 1914 über die Stellung Englands und Frankreichs zu der Londoner Seekriegsrechts-erklärung.

Nach einer Order in Council vom 20. August 1914 will die britische Regierung während des gegenwärtigen Krieges die Londoner Seekriegsrechtserklärung vom 26. Februar 1909 mit einigen Zusätzen und Abänderungen beobachten. Diese Zusätze und Abänderungen sind aber derart, daß sie die Londoner Erklärung in wesentlichen Punkten aufheben und dadurch gleichzeitig in das geltende Völkerrecht eingreifen. Weitere sehr erhebliche Abweichungen von der Londoner Erklärung sind in einer britischen Proklamation vom 21. September 1914 enthalten.

I.

Die einschneidendste Abänderung der Londoner Erklärung findet sich in den Bestimmungen über die relative Konterbande unter Nr. 3 und 5 der Order in Council.

Die Londoner Erklärung bestimmt im Artikel 33, daß der Begriff der relativen Konterbande nur dann Anwendung findet, wenn die verfrachteten Gegenstände für den Gebrauch der Verwaltungsstellen oder der Streitmacht des feindlichen Staates bestimmt sind. Ferner soll nach Artikel 35 der Begriff der relativen Konterbande ohne weiteres ausgeschlossen sein, wenn sich das Schiff auf der Fahrt nach einem neutralen Hafen befindet.

Diese Bestimmungen, die im wesentlichen dem geltenden Völkerrecht entsprechen und auf einer billigen Abwägung der Interessen der kriegführenden Staaten einerseits und der neutralen Staaten andererseits beruhen, sind durch die Order in Council so gut wie aufgehoben worden. Denn nach Nr. 3 der Order soll die Vermutung für die feindliche Bestimmung der Güter in jedem Falle Platz greifen, wo der

Empfänger der Ware unter der Kontrolle der Behörden des feindlichen Staates steht; das bedeutet aber nichts anderes, als daß jede nach dem feindlichen Lande gerichtete Sendung der Beschlagnahme ausgesetzt ist, da sich dort sämtliche Bewohner unter der Kontrolle der Landesbehörden befinden. Diese Bestimmung erhält ihre Ergänzung in Nr. 5 der Order, wonach auch das auf der Fahrt nach einem neutralen Hafen befindliche Schiff wegen relativer Konterbande aufgebracht werden kann; hier wird also entgegen dem Artikel 35 der Londoner Erklärung der nur auf die absolute Konterbande anwendbare Begriff der fortgesetzten Reise auf die relative Konterbande ausgedehnt.

Auf diese Weise werden die milderen Regeln der Londoner Erklärung für die relative Konterbande beseitigt und letztere im Ergebnis der absoluten Konterbande völlig gleichgestellt. Damit wird der zur Versorgung der Bevölkerung eines kriegführenden Staates bestimmte neutrale Handel mit Gegenständen der relativen Konterbande, also insbesondere mit Lebensmitteln, der im geltenden Völkerrecht als legitim anerkannt ist, nahezu illusorisch gemacht und so das Interesse des Kriegführenden wie der Neutralen in völkerrechtswidriger Weise verletzt. Wie die Ereignisse auf dem Seekriegsschauplatze beweisen, geht England nach dieser Richtung in der rücksichtslosesten Weise vor, dergestalt, daß es sogar den für die Nachbarländer Deutschlands bestimmten Bedarf in Kontrolle nimmt und dadurch auch deren Versorgung in Frage stellt.

II.

Die britische Regierung glaubt sich über die in den Artikeln 22, 24 und 28 der Londoner Erklärung enthaltenen Listen der absoluten Konterbande, der relativen Konterbande und der nicht als Konterbande zu erklärenden Waren (Freiliste) ohne weiteres hinwegsetzen zu können. Sie hat in ihrer durch die Order in Council unter Nr. 1 aufrecht erhaltenen Konterbandeerklärung vom 5. August 1914 Luftfahrzeuge und deren Bestandteile als absolute Konterbande bezeichnet, während diese nach Artikel 24 Nr. 8 der Londoner Erklärung nur als relative Konterbande angesehen werden können. Vor allem aber hat sie in der Proklamation vom 21. September 1914 Gummi, Häute und Felle sowie verschiedene Sorten Eisenerz als relative Konterbande erklärt, obwohl diese Gegenstände nicht oder doch nur sehr mittelbar für kriegerische Zwecke verwendbar sind und daher auf der Freiliste des Artikel 28 stehen (vergl. Nr. 3, 4, 6). Damit wird zugleich allgemein anerkannten Regeln des Völkerrechts ins Gesicht geschlagen, wonach der neutrale Handel mit Gegenständen ausschließlich friedlichen Gebrauchs durch die Kriegführenden nicht gestört werden darf.

III.

Eine weitere Verschärfung der Bestimmungen über die Konterbande ergibt sich aus Nr. 2 der Order in Council. Denn der Artikel 38 der Londoner Erklärung läßt, entsprechend dem geltenden Völkerrecht, eine Beschlagnahme des Schiffes wegen Konterbande nur zu, solange sich diese an Bord befindet; dagegen will die britische Regierung, wenn die Beförderung der Konterbande unter Mitnahme falscher Papiere erfolgt ist, das Schiff während der ganzen Dauer der Reise mit Beschlag belegen. Auf diese Weise ist der neutrale Schiffsverkehr mit dem feindlichen Gebiet andauernden Schikanen ausgesetzt, da das Schiff nicht nur auf Grund einer offenkundigen Tatsache, nämlich des Vorhandenseins von Konterbande, sondern auch auf Grund einer häufig nicht nachweisbaren Behauptung über sein früheres Verhalten aufgebracht werden wird.

IV.

Durch die Bestimmung in Nr. 4 der Order in Council wird die Wegnahme wegen Blockadebruchs in unbilliger Weise erweitert, da hiernach die Vermutung für die Kenntnis der Blockade auch dann eintreten soll, wenn das Schiff nach Ablauf einer gewissen Zeit seit der Bekanntgabe der Blockade eines feindlichen Hafens an die dortigen Ortsbehörden einen anderen feindlichen Hafen verlassen hat. Durch diese Bestimmung will die britische Regierung die Behörden des feindlichen Staates über die durch das Völkerrecht gezogenen Grenzen hinaus in den Dienst der eigenen Seestreitkräfte stellen und diesen Dienst durch die Wegnahme neutraler Schiffe erzwingen.

V.

Nach einem in der Londoner Erklärung bestätigten völkerrechtlichen Grundsatz dürfen an Bord eines neutralen Kauffahrteischiffes nur solche Personen zu Kriegsgefangenen gemacht werden, die bereits in die feindliche Streitmacht eingereiht sind. Dieser Satz ergibt sich aus dem Artikel 45 Abs. 1 Nr. 2 in Verbindung mit dem Artikel 47 und ist im Generalberichte des Redaktionsausschusses der Londoner Konferenz im ersten Absatz der Bemerkungen zum Artikel 45 noch näher ausgeführt worden; denn wie der Generalbericht bemerkt, war sowohl aus juristischen wie aus praktischen Gründen die ganze Konferenz darin einig, daß nur aktive Militärpersonen, nicht aber solche Personen, die sich, wie beispielsweise Reservisten, zur Erfüllung ihrer allgemeinen Dienstpflicht nach der Heimat begeben, der Gefangennahme auf einem neutralen Schiffe unterliegen. Obwohl die britische Order in Council die beiden Artikel ebenso wie die Bemerkungen des Generalberichts als für die Regierung verbindlich anerkannt hat, haben doch die britischen Seestreitkräfte deutsche Wehrpflichtige, die nicht in die Streitmacht eingereiht waren, von Kauffahrteischiffen der niederländischen, der norwegischen und der italienischen Flagge weggenommen und zu Kriegsgefangenen gemacht. Auf diese Weise haben sie nicht nur die in der Londoner Erklärung wiedergegebenen völkerrechtlichen Grundsätze, sondern auch die eigenen staatsrechtlichen Normen gröblich verletzt.

Nach einem im „Journal officiel" vom 26. August 1914 veröffentlichten Dekret des Präsidenten der Französischen Republik hat sich Frankreich auf denselben Standpunkt gestellt wie Großbritannien in seiner Order in Council. Auch haben die französischen Seestreitkräfte in gleicher Weise wie die britischen wehrpflichtige Deutsche von neutralen

Schiffen, insbesondere von niederländischen und spanischen, weggenommen.

Die Verordnungen und darüber hinausgehend die Seestreitkräfte Großbritanniens und Frankreichs setzen sich hiernach über die in der Londoner Seekriegsrechtserklärung niedergelegten Regeln in willkürlichster Weise hinweg. Sie verfolgen ausgesprochenermaßen den Zweck, durch Lahmlegung des neutralen Handels nicht nur die Kriegführung, sondern auch die Volkswirtschaft ihrer Gegner zu treffen, und greifen dabei in unzulässiger Weise sowohl in den legitimen Handel der Neutralen mit dem Gegner als auch in den Handel der Neutralen untereinander ein. Die Londoner Erklärung ist zwar bisher nicht ratifiziert worden; wie indes die Bevollmächtigten der Signatarmächte mit Einschluß der britischen und französischen in der Einleitenden Bestimmung ausdrücklich festgestellt haben, entsprechen die Regeln der Londoner Erklärung im wesentlichen den allgemein anerkannten Grundsätzen des internationalen Rechtes. Die von Großbritannien und Frankreich beliebten Verletzungen der Londoner Erklärung stellen sich daher zugleich als Verletzungen des Völkerrechts dar, die um so schwerer ins Gewicht fallen, als Großbritannien in Kriegen, in denen es neutral war, wie beispielsweise im russisch-japanischen Kriege, gegen solche Rechtsverletzungen auf das nachdrücklichste Einspruch erhoben hat (vergleiche das englische Blaubuch Russia Nr. 1, 1905, Correspondence respecting Contraband of War S. 8 ff.).

Die Kaiserlich Deutsche Regierung hat bisher die Bestimmungen der Londoner Erklärung streng beobachtet, auch deren Inhalt in der deutschen Prisenordnung vom 30. September 1909 (Reichs-Gesetzbl. 1914 S. 275) sinngetreu wiedergegeben; an dieser Haltung hat sie sich selbst durch die flagranten Rechtsverletzungen ihrer Gegner nicht irre machen lassen. Sie muß sich indes die Frage vorlegen, ob sie an diesem Standpunkt noch länger festhalten kann, wenn die feindlichen Mächte das von ihnen eingeschlagene Verfahren fortsetzen und die neutralen Mächte sich solche Neutralitätsverletzungen zuungunsten deutscher Interessen gefallen lassen. Für die deutsche Regierung würde es daher von Wert sein, zu erfahren, welche Stellung die neutralen Mächte zu dem völkerrechtswidrigen Verhalten Großbritanniens und Frankreichs einzunehmen gedenken, und ob sie insbesondere gegen die an Bord ihrer Schiffe vorgenommenen Gewaltakte an deutschen Personen und deutschem Gut einschreiten wollen.

Anlage VI.

Die britischen Verordnungen vom 29. Oktober 1914.

A.

By the King.

A Proclamation Revising the List of Contraband of War.

George R. I.

Whereas on the fourth day of August, 1914, We did issue Our Royal Proclamation specifying the articles which it was Our intention to treat as contraband of war during the war between Us and the German Emperor; and

Whereas on the twelfth day of August, 1914, We did by Our Royal Proclamation of that date extend Our Proclamation aforementioned to the war between Us and the Emperor of Austria, King of Hungary; and

Whereas on the twenty-first day of September, 1914, We did by Our Royal Proclamation of that date make certain additions to the list of articles to be treated as contraband of war; and

Whereas it is expedient to consolidate the said lists and to make certain additions thereto:

Now, Therefore, We do hereby declare, by and with the advice of Our Privy Council, that the lists of contraband contained in the schedules to Our Royal Proclamations of the fourth day of August and the twenty-first day of September aforementioned are hereby withdrawn, and that in lieu thereof during the continuance of the war or until We do give further public notice the articles enumerated in Schedule I hereto will be treated as absolute contraband and the articles enumerated in Schedule II hereto will be treated as conditional contraband.

Schedule I.

(1.) Arms of all kinds, including arms for sporting purposes, and their distinctive component parts.
(2.) Projectiles, charges, and cartridges of all kinds, and their distinctive component parts.
(3.) Powder and explosives specially prepared for use in war.
(4.) Sulphuric acid.
(5.) Gun mountings, limber boxes, limbers, military waggons, field forges, and their distinctive component parts.
(6.) Range-finders and their distinctive component parts.
(7.) Clothing and equipment of a distinctively military character.
(8.) Saddle, draught, and pack animals suitable for use in war.
(9.) All kinds of harness of a distinctively military character.
(10.) Articles of camp equipment and their distinctive component parts.
(11.) Armour plates.
(12.) Haematite iron ore and haematite pig iron.
(13.) Iron Pyrites.
(14.) Nickel ore and nickel.
(15.) Ferrochrome and chrome ore.
(16.) Copper, unwrought.
(17.) Lead, pig, sheet, or pipe.
(18.) Aluminium.
(19.) Ferro-silica.
(20.) Barbed wire, and implements for fixing and cutting the same.

(21.) Warships, including boats and their distinctive component parts of such a nature that they can only be used on a vessel of war.

(22.) Aeroplanes, airships, balloons, and aircraft of all kinds, and their component parts, together with accessories and articles recognisable as intended for use in connection with balloons and aircraft.

(23.) Motor vehicles of all kinds and their component parts.

(24.) Motor tyres; rubber.

(25.) Mineral oils and motor spirit, except lubricating oils.

(26.) Implements and apparatus designed exclusively for the manufacture of munitions of war, for the manufacture or repair of arms, or war material for use on land and sea.

Schedule II.

(1.) Foodstuffs.

(2.) Forage and feeding stuffs for animals.

(3.) Clothing, fabrics for clothing, and boots and shoes suitable for use in war.

(4.) Gold and silver in coin or bullion; paper money.

(5.) Vehicles of all kinds, other than motor vehicles, available for use in war, and their component parts.

(6.) Vessels, craft, and boats of all kinds; floating docks, parts of docks, and their component parts.

(7.) Railway materials, both fixed and rolling stock, and materials for telegraphs, wireless telegraphs, and telephones.

(8.) Fuel, other than mineral oils. Lubricants.

(9.) Powder and explosives not specially prepared for use in war.

(10.) Sulphur.

(11.) Glycerine.

(12.) Horseshoes and shoeing materials.

(13.) Harness and saddlery.

(14.) Hides of all kinds, dry or wet; pigskins, raw or dressed; leather, undressed or dressed, suitable for saddlery, harness, or military boots.

(15.) Field glasses, telescopes, chronometers, and all kinds of nautical instruments.

Given at Our Court at Buckingham Palace, this twenty-ninth day of October, in the year of our Lord one thousand nine hundred and fourteen, and in the fifth year of Our Reign.

God save the King.

B.

At the Court at Buckingham Palace,
the 29th day of October, 1914.

Present,

The King's Most Excellent Majesty in Council.

Whereas by an Order in Council dated the 20th day of August, 1914, His Majesty was pleased to declare that during the present hostilities the Convention known as the Declaration of London should, subject to certain additions and modifications therein specified, be adopted and put in force by His Majesty's Government: and

Whereas the said additions and modifications were rendered necessary by the special conditions of the present war; and

Whereas it is desirable and possible now to re-enact the said Order in Council with amendments in order to minimise, so far as possible, the interference with innocent neutral trade occasioned by the war:

Now, Therefore, His Majesty, by and with the advice of His Privy Council, is pleased to order, and it is hereby ordered, as follows:—

(1.) During the present hostilities the provisions of the Convention known as the Declaration of London shall, subject to the exclusion of the lists of contraband and noncontraband, and to the modifications hereinafter set out, be adopted and put in force by His Majesty's Government.

The modifications are as follows:—

(i) A neutral vessel, with papers indicating a neutral destination, which, notwithstanding the destination shown on the papers, proceeds to an enemy port, shall be liable to capture and condemnation if she is encountered before the end of her next voyage.

(ii) The destination referred to in Article 33 of the said Declaration shall (in addition to the presumptions laid down in Article 34) be presumed to exist if the goods are consigned to or for an agent of the enemy State.

(iii) Notwithstanding the provisions of Article 35 of the said Declaration, conditional contraband shall be liable to capture on board a vessel bound for a neutral port if the goods are consigned "to order", or if the ship's papers do not show who is the consignee of the goods or if they show a consignee of the goods in territory belonging to or occupied by the enemy.

(iv) In the cases covered by the preceding paragraph (iii) it shall lie upon the owners of the goods to prove that their destination was innocent.

(2.) Where it is shown to the satisfaction of one of His Majesty's Principal Secretaries of State that the enemy Government is drawing supplies for its armed forces from or trough a neutral country, he may direct that in respect of ships bound for a port in that country, Article 35 of the said Declaration shall not apply. Such direction shall be notified in the "London Gazette", and shall operate until the same is withdrawn. So long as such direction is in force, a vessel which is carrying conditional contraband to a port in that country shall not be immune from capture.

(3.) The Order in Council of the 20th August 1914, directing the adoption and enforcement during the present hostilities of the Convention known as the Declaration of London, subject to the additions and modifications therein specified, is hereby repealed.

(4.) This Order may be cited as "the Declaration of London Order in Council, No. 2, 1914".

And the Lords Commissioners of His Majesty's Treasury, the Lords Commissioners of the Admiralty, and each of His Majesty's Principal Secretaries of State, the President of the Probate, Divorce, and Admiralty Division of the High Court of Justice, all other Judges of His Majesty's Prize Courts, and all Governors, Officers, and Authorities whom it may concern, are to give the necessary directions herein as to them may respectively appertain.

Almeric Fitz Roy.

Anlage VII.

Der Nordsee - Erlass der britischen Admiralität vom 3. November 1914.

During the last week the Germans have scattered mines indiscriminately in the open sea on the main trade route from America to Liverpool via the North of Ireland. Peaceful merchant ships have already been blown up with loss of life by this agency. The White Star liner Olympic escaped disaster by pure good luck. But for the warnings given by British cruisers, other British and neutral merchant and passenger vessels would have been destroyed. These mines cannot have been laid by any German ship of war. They have been laid by some merchant vessel flying a neutral flag which has come along the trade route as if for the purposes of peaceful commerce and, while profiting to the full by the immunity enjoyed by neutral merchant ships, has wantonly and recklessly endangered the lives of all who travel on the sea, regardless of whether they are friend or foe, civilian or military in character.

Minelaying under a neutral flag and reconnaissance conducted by trawlers, hospital ships, and neutral vessels are the ordinary features of German naval warfare. In these circumstances, having regard to the great interests entrusted to the British Navy, to the safety of peaceful commerce on the high seas, and to the maintenance within the limits of International Law of trade between neutral countries, the Admiralty feel it necessary to adopt exceptional measures appropriate to the novel conditions under which this war is being waged.

They therefore give notice that the whole of the North Sea must be considered a military area. Within this area merchant shipping of all kinds, traders of all countries, fishing craft, and all other vessels will be exposed to the gravest dangers from mines which it has been necessary to lay, and from warships searching vigilantly by night and day for suspicious craft. All merchant and fishing vessels of every description are hereby warned of the dangers they encounter by entering this area except in strict accordance with Admiralty directions. Every effort will be made to convey this warning to neutral countries and to vessels on the sea, but from the 5th of November onwards the Admiralty announce that all ships passing a line drawn from the northern point of the Hebrides through the Faroe Islands to Iceland do so at their own peril.

Ships of all countries wishing to trade to and from Norway, the Baltic, Denmark, and Holland are advised to come, if inward bound, by the English Channel and the Straits of Dover. There they will be given sailing directions which will pass them safely, so far as Great Britain is concerned, up the East Coast of England to Farn Island, whence a safe route will, if possible, be given to Lindesnaes Lighthouse. From this point they should turn north or south according to their destination, keeping as near the coast as possible. The converse applies to vessels outward bound. By strict adherence to these routes the commerce of all countries will be able to reach its destination in safety, so far as Great Britain is concerned, but any straying, even for a few miles from the course thus indicated, may be followed by fatal consequences.

Anlage VIII.

Die von der Deutschen Regierung den neutralen Mächten unterm 7. November 1914 zugestellte Erwiderung auf den Protest der Britischen Regierung gegen das Legen deutscher Minen in der Nordsee.

Der Deutschen Regierung ist bekannt geworden, daß die Britische Regierung unter dem 20. September d. J. an die neutralen Mächte eine Note gerichtet hat, worin sie gegen die Legung deutscher Minen Verwahrung einlegt. In dem Proteste wird behauptet, daß die Minen in völkerrechtswidriger Weise und an unzulässigen Stellen gelegt, daß sie nicht hinreichend verankert und überwacht und den Neutralen nicht vorschriftsmäßig angezeigt seien. Es wird ferner hingewiesen auf die entgegenstehenden Erklärungen des ersten deutschen Bevollmächtigten auf der Zweiten Haager Friedenskonferenz und auf die willkürliche Schädigung des neutralen Handels, die das deutsche Vorgehen auf dem freien Meere in sich schließen soll.

Auf diesen Protest hat die Deutsche Regierung nachstehendes zu erwidern.

I.

Bei der Verurteilung des angeblichen deutschen Vorgehens stützt sich die Britische Regierung auf das achte Haager Abkommen vom 18. Oktober 1907 über die Legung von unterseeischen selbsttätigen Kontaktminen. Dabei übersieht sie, daß nach Artikel 7 dieses Abkommens seine Bestimmungen zwischen den Vertragsmächten nur Anwendung finden, wenn die Kriegführenden sämtlich Vertragsparteien sind. Nun hat aber das mit England verbündete Rußland das Abkommen nicht ratifiziert; es ist also völkerrechtlich in dem gegenwärtigen Kriege für keinen Beteiligten bindend.

Dennoch hat sich die Deutsche Regierung an seine Bestimmungen, abgesehen von dem Artikel 2, den sowohl

Deutschland wie Frankreich ausdrücklich vorbehalten haben, freiwillig gebunden. Die Behauptung der Britischen Regierung, daß diese Bestimmungen deutscherseits verletzt worden seien, wird auf das entschiedenste bestritten.

II.

1. Ein völkerrechtswidriges Verfahren findet die Britische Regierung zunächst darin, daß die deutschen Minen offenbar durch Fischerboote, vielleicht sogar unter neutraler Flagge gelegt worden seien, die sich anscheinend dem friedlichen Fischereigewerbe hingegeben hätten. Diese Behauptung ist unzutreffend und völlig aus der Luft gegriffen; die deutschen Minen sind ausschließlich von deutschen Kriegsschiffen gelegt worden.

2. Die Britische Regierung beschwert sich darüber, daß deutsche Minen bis auf fünfzig Meilen von der englischen Küste und nicht nur auf britischen, sondern auch auf neutralen Zufahrtsstraßen gelegt worden seien. Wie weit von der Küste und den Häfen des Gegners Minen verankert werden dürfen, ist in dem Abkommen nicht bestimmt, auch nicht durch eine völkerrechtliche Übung festgelegt; im übrigen ist die englische Angabe über die Entfernung der deutschen Minen von der bedrohten Küste weit übertrieben, vielmehr sind die Minen so nahe gelegt worden, wie es die Gestaltung des Ankergrundes und die Verhältnisse der Küste gestatteten. Unwahr ist die Behauptung über die Sperrung neutraler Zufahrtsstraßen, keine deutsche Mine ist auf der Zufahrtsstraße von der hohen See zu einem neutralen Hafen gelegt worden.

3. Der britische Protest behauptet ferner, in zahlreichen Fällen seien deutsche Minen treibend gefunden worden, ohne ihre Sprengwirkung verloren zu haben. Deutscherseits sind die Minen mit aller möglichen Sorgfalt verankert worden. Sollten einzelne infolge der Strömungen oder Stürme ins Treiben gekommen sein, so sind diese Fälle jedenfalls weit weniger zahlreich als die englischerseits gelegten Minen, die an der belgischen und niederländischen Küste angetrieben sind und dort durch ihre unverminderte Sprengwirkung Schaden getan haben.

4. Die Pflicht, die Minen zu überwachen, deren Verletzung britischerseits gerügt wird, kann naturgemäß einer kriegführenden Partei nur so lange obliegen, als sie den Teil des Kriegsschauplatzes beherrscht, auf dem sie in völkerrechtlich zulässiger Weise Minen gelegt hat. Diese Pflicht wird also in der Regel nur für defensive Minen, nicht aber für offensive Minen gegeben sein. Für letztere fällt, wenn der Kriegführende sie sachgemäß gelegt und ihre Legung angezeigt hat, jede weitere Verantwortung hinweg.

5. In dem britischen Proteste wird der Deutschen Regierung vorgeworfen, daß sie niemals irgend eine Bekanntmachung über den Ort der Minenlegung erlassen habe. Diese Behauptung widerstreitet den Tatsachen. Schon am 7. August 1914 hat die Deutsche Regierung allen neutralen Mächten die Mitteilung zugehen lassen, daß die Zufahrtsstraßen zu den englischen Häfen deutscherseits durch Minen gesperrt werden würden. Die neutrale Schiffahrt war daher über die Tatsache der Minenlegung und über die Orte, an denen sie deutsche Minen zu erwarten hatte, aufgeklärt. Wenn die Deutsche Regierung nicht die genaue Lage der einzelnen Minen angegeben hat, so erklärt sich dies aus den Umständen, unter denen die Minenlegung erfolgen mußte.

III.

Der Aufwand an starken Worten und sittlicher Entrüstung, womit der britische Protest die Deutsche Regierung vor den neutralen Mächten denunziert, ist hiernach durch das deutsche Vorgehen in keiner Weise gerechtfertigt. Dieser Protest ist offenbar nur ein Mittel, um die englischerseits beliebten schweren Verletzungen der in der Londoner Seekriegsrechtserklärung niedergelegten Regeln des geltenden Völkerrechts zu verdecken und die inzwischen erfolgte völkerrechtswidrige Schließung der Nordsee, die in ihrer wirtschaftlichen Bedeutung der Blockade neutraler Küsten gleichkommt, in der öffentlichen Meinung vorzubereiten. Angesichts dieser Tatsachen berührt es doppelt eigentümlich, wenn sich die Britische Regierung als Vorkämpferin des „feststehenden und allgemein angenommenen Grundsatzes der Freiheit der Meere für den friedlichen Handel" aufwirft;

ein friedlicher Handel ist augenscheinlich für das im Kriege befindliche England nur derjenige neutrale Handel, der Waren nach England bringt, nicht aber derjenige, der Waren seinen Gegnern zuführt oder möglicherweise zuführen könnte.

Die Deutsche Regierung ist überzeugt, daß die andauernde Vergewaltigung des neutralen Handels durch England den britischen Protest überall in dem richtigen Lichte erscheinen lassen wird. Sie ist sich bewußt, ihrerseits bei den durch die militärische Notwendigkeit gebotenen Maßnahmen die Gefährdung oder Schädigung neutraler Schiffahrt in möglichst engen Grenzen gehalten und sich dabei streng nach den Regeln gerichtet zu haben, die bisher zwischen zivilisierten Völkern für die Seekriegführung galten. Dagegen rechtfertigt sich die Beeinträchtigung der neutralen Lebensinteressen von englischer Seite durch keinerlei militärische Notwendigkeit, da sie mit den kriegerischen Maßnahmen nicht im Zusammenhange steht und lediglich die Volkswirtschaft des Feindes durch Lahmlegung des legitimen neutralen Handels treffen will. Diese grundsätzliche Mißachtung der von ihr angerufenen Meeresfreiheit nimmt der Britischen Regierung jedes Recht, in der Frage der die Neutralen ungleich weniger schädigenden Minenlegung als Anwalt dieser Freiheit aufzutreten.

Druck von Otto Walter in Berlin S. 14.

FSC
www.fsc.org
MIX
Papier | Fördert
gute Waldnutzung
FSC® C083411

Kolibri 360 GmbH
Ferdinand-Jühlke-Straße 7
99095 Erfurt, Deutschland
produktsicherheit@kolibri360.de